子どもが やる気になる 短い言葉がけ
スクール・ペップトーク

岩﨑由純 著

学事出版

まえがき

　学校現場からのご依頼を受けてペップトークの講演を続けていたら、PTA の集まりでも招聘されることが増えてきました。親御さんも、言葉選びに強い関心があり、子どもとのコミュニケーションに悩んでおられる実情があるようです。面白いことに、先生方にお話をすると、「これを PTA でも話してください」と言われ、そちらで話すと、「先生方には話したのですか？」と聞かれることがあります。やっぱり、お互いに必要性を感じながら、依存している部分があるのでしょうか？

　そんな中、2017年の秋、日本テレビの学園ドラマ『先に生まれただけの僕』では、学校改革のプロセスで、ペップトークが取り上げられました。その後、講演会に参加される教育関係者だけでなく、PTA の方々からも、講演内容を書籍化してほしいとのご依頼が増えてきました。2013年に、学校現場のペップトークの参考書として『子どもの心に響く励ましの言葉がけペップトーク』を学事出版から上梓しました。今回は、皆様からのご要望にお応えする形で講演内容を忠実に書籍化しました。

　本書は、90分でのご依頼が多いペップトークの講演内容に、半日で行われるセミナーのコンテンツを加えて一冊の本にまとめています。通しで読んでいただければ講演の振り返りができます。パートごとに読んでいただいてもリマインダーになると思います。教育の現場、そしてご家庭でもペップトークのハンドブックとして、お役に立てば幸甚です。

岩﨑由純

子どもがやる気になる短い言葉がけ
スクール・ペップトーク

もくじ

まえがき　3

1　ペップトークとは　6

2　ペップトークの特徴　10

3　ポジティ語とポジティブストローク　13

4　表現力・伝承力　16

5　ポジティ語について　18

6　ペップトークの手順・方法　24

7　首尾一貫感覚とプライミング効果　29

8　イメージは現実化する　33

9　イメージは目的語？　36

10　克己のライン　40

11　内発的動機付け　43

12　柔軟思考と学習目標　46

13　日常にあるネガティブな言葉　50

14 科学的根拠のない発言　53

15 肯定質問、オープン質問、未来質問　56

16 アクティブラーニング　61

17 エウダイモニア　65

18 水平思考と垂直思考　68

19 振り返りとピグマリオン効果　70

20 ペップトークをやるための4つの力　73

21 ドリームサポーター　76

22 屠龍技（とりょうのぎ）　80

23 口ぐせ変換　83

24 今あるものでベストを尽くす　95

25 セルフペップトーク　99

26 エトス、パトス、ロゴス　103

27 話し言葉と書き言葉　107

28 個性を受け入れる　110

29 たくましさを身につける　113

ペップトーク活用資料集　118

あとがき　123

1 ペップトークとは

　まずはペップトークとは何か。英語で綴ると **PEPTALK** です。**PEP は「元気」「活気」「勇気」という意味の英単語**です。そして PEPTALK、これも辞書に出ている言葉で「激励演説」という意味です。学校で言えば校長先生の励ましの言葉も、一種のスクール・ペップトークと考えられるのではないかと思います。

　スポーツの世界でペップトークというと、試合が始まる直前の控室の中で監督やコーチが本番に向かっていく選手たちに対して、そして学校の場合だったら先生方が生徒たちに対して、「いよいよ本番だぞ、頑張って行っておいで」と背中のひと押しをする。最後の声がけをしますが、そういうものをペップトークと言います。

　そこには、**前向きな背中のひと押しという考え方**があります。なぜ、前向きな、なのか。例えば、受験生がいたら、その子の前で「落ちる」「滑る」と言わないですよね。それは受験生にそういうイメージをしてほしくないからです。同じように試合とか本番とか発表会の前に、失敗や負けるという言葉を使わない、前向きな言葉を選んで使うというのがペップトークなのです。ペップトークというのは本番前の前向きな背中のひと押し、声がけなのです。

　スポーツ界で前向きなひと押しとしてすごく有名なのが、2011年のワールドカップ女子サッカー、ドイツ大会です。東日本大震災が起きたその年 7 月に行われたワールドカップで、なでしこジャパン

が初めて世界一になりました。行く前から澤穂希選手が、復興支援のため、日本に元気を取り戻すために絶対に勝つよ、とチームメイトに声をかけていました。その思いが通じたのか決勝戦まで勝ち上がっていきましたが、その対戦相手は当時の世界チャンピオン、アメリカでした。

　それまでに20数回戦ったことがあったのに1回も勝てなかった相手だから、マスコミも解説の方々も厳しい戦いを予測していました。でも、彼女らはいたって真剣に、絶対に勝って帰るんだ、そんな思いを信じ続けて戦っていました。しかし途中まで2対1でアメリカにリードされていました。終了間際、澤穂希選手の奇跡的な角度からのボレーシュート。これは宮間選手のコーナーキックをあり得ない角度で澤穂希選手が合わせて、そのままゴールに直接入ったのです。瞬間、見ていた日本中の人たちが大興奮しました。しかし、その後は、お互いに点数が入らず時間切れとなって、PK戦にもつれこみました。そのPK戦の円陣の映像がテレビにも映ったのですが、みんな笑顔でいるんですね。しかしまだ試合は終わっていない。

　その笑顔の円陣の中で、佐々木則夫監督が選手の皆さんにおっしゃった一言とは**「この舞台、思いっきり楽しんでこい」**というものでした。「シュート外すな」、とはおっしゃっていないんですね。「ミスをするな」とも「負けるな」ともおっしゃっていない。なぜならこれらの3つの言葉は後ろ向きな言葉だからです。本番に向かう選手に対して「思いっきり楽しんでこい」と、それがスポーツ界で伝説になった**前向きな背中のひと押し、声がけ**なのです。

　ピョンチャンオリンピックで行われたスピードスケート女子団体

パシュート。日本が初めて金メダルを取りました。4人の全選手にインタビューしていく中で、それまでいつも名前が挙がっていた高木美帆選手ではなくて、お姉ちゃんの高木菜那選手、のちに金メダルをマススタートで取った菜那選手の口から、「レース前にヨハンコーチから『金メダル欲しいけど、みんなで最高のレースをして楽しんでこい』と言われて伸び伸びと滑ることができました」と。佐々木則夫さんが2011年におっしゃった言葉と似たようなことをヨハンさんが2018年、ピョンチャンでもおっしゃっていた。**「最高のレースをして楽しんでこい」**。こういうのを前向きな背中のひと押し、ペップトークと言います。

　私は日本体育大学出身で体育の教員免許も取りました。しかし、大学時代はペップトークのことを全く知りませんでした。ペップトークに出会ったのは、どうしてもトレーナーになりたくて、大学卒業後、アメリカの大学院に入学してからのことでした。ニューヨーク州にあるシラキューズ大学は、東京ドームと同じ5万人収容のドームを持つほどスポーツに力を入れている大学です。

　アメリカンフットボールやバスケットボールが全米でも強豪校。7月、8月の厳しい合宿を終えて9月にアメリカンフットボールは開幕戦を迎えます。開幕戦となると5万人のスタジアムが超満員になります。チアリーダーの皆さんがつくってくれる巨大なアーチをくぐり抜けて選手たちがどーっと駆け込んでいくと5万人の大歓声が地響きになって伝わってくる。われわれトレーナーはたくさんの荷物を持って選手の後ろを走ってスタジアムに入っていくのですが、初めての試合のときに、実は僕は通路を走りながらちょっと泣いて

いました。「おいこら岩﨑、何泣いてんだ」とコーチに見つかりました。「あ、すいません。今の監督のスピーチに感動しました」と言うと、「あ、そうか。君は留学生で、今日は初めての公式戦。うちの監督の本気のペップトーク、今日が初めてだったんじゃないか」。実は、それがペップトークという言葉を聞いた初めての日でした。

「ああいうのをペップトークと言うんですか。鳥肌が立つほど感動しました」と言うと、「当たり前だろ。選手たちが今日という大事な日を迎えるに当たって、日々の練習の中で、そのスポーツに必要な技術や体力、戦術や戦略を磨いてここに来るのと同じように、監督は言葉の力を磨いてここへ来るんだよ。どんな言葉をどう言うか。考えに考え抜いてここに来る。それが指導者の役割なんだよ。言霊に命を吹き込める者だけが、言葉にパワーを与えられる者だけが指導者に、監督になれるんだよ」と話してくれました。

指導者たるや言葉の力を磨け。その時の一言が今も自分の胸の奥のほうに深く突き刺さっています。それがペップトークなのです。

2 ペップトークの特徴

　そこから大変興味を持ってペップトークを研究しました。有名な
ペップトーカーは誰だ。アラバマ大学のベア・ブライアント監督が
有名だよとか、うちの監督も実は NFL からコーチだった方が来て
くださってペップトークのプロなんだよとか、そんな話の中から、
ペップトークの特徴はどんなものだろうと調べました。

　まず 1 つ目。ペップトークの最大の特徴は**「短い」**ということで
す。本番前だから短く話します。長くても 2 分。そして、**「分かり
やすい言葉」**を使います。そこにはいろんな選手がいます。白人も
黒人もいるし、育ちが違う人もいるし、出身地が違う人もいる。そ
の全ての人に分かりやすくしゃべること。実は分かりやすいからで
きる気がする。できる気がするからやる気になる、ということも言
われています。誰かを説得する、あるいは納得させるための入口に
ある一番大事な要素は「分かりやすさ」であると言われています。

　そして、先ほど来、**「前向きな」**と言っていますが、最大の特徴
は、**「肯定的な言葉」**を使って目の前にいる選手の皆さんの魂を揺
さぶり、感情に訴えかける。聞く側がその気になる。これが大事な
んですね。誰かによってやる気にさせられるのではなくて、話を聞
いて自分自身がその気になる。そういうのをペップトークと言いま
す。

　ある大きなイベントのときに、フジテレビのスポーツキャスター

を長年務めていらっしゃった故上田昭夫アナウンサー。ご自身も昔、ナショナルチームのラガーマンで慶應大学、母校の監督を務めて2度も日本一に輝いたことがある有名な監督さんでもいらっしゃいます。その上田さんが、「じゃあ岩﨑さん、日本の指導者は岩﨑さんが言った5つの特徴の真反対のことばかりやっていたから、ペップの真反対でプッペだね」とおっしゃいました。ペップはPEPと書きますから英語では逆から読んでもペップです。しかし、言われて気づいたんです。カタカナで書くとペップの反対はプッペになる。

　これは面白いと思って定義づけてみました。ペップの反対はプッペですから、短いに対して長くて、分かりやすいに対して分かりにくくて、肯定的な言葉を使うに対して、めちゃくちゃネガティブなマイナスな言葉を使って、目の前にいる方の魂を萎えさせ、やる気をなくさせる、怖い説教、プッペトークです。

　さて、そのイベントでそこまで話したら、ゲストで来られていた元プロ野球の選手の皆さんが、「野球界じゃ短くて分かりやすいプッペできるぜ」っておっしゃったんです。もちろん先ほどの佐々木則夫監督の「思い切り楽しんでこい」の話も聞かれたその人たちが、「思いっきり楽しんでこいなんてめったに言わんだろう。おいこら、負けたら走らせるぞ」と話してくれました。確かに昔よく言われていました。「負けたら走らせるぞ」なんて明快で分かりやすくネガティブなんでしょう。こういうのを短くて分かりやすいプッペと言います。

　なぜこういう表現が悪いのか、今では心理学の分析、脳科学の分析も行われています。これを言われると、勝って大喜びをしている

姿をイメージできない。語気を強めて本気で「おまえらな、負けたら走らせるぞ」と言われると、まだ試合が始まっていないのに、「負けたら走らされるんだ」と思うわけですよね。ということは、負けていつもの練習しているグランドに帰って走らされている姿をイメージしながら本番に向かうことになるのです。それは良くありません。イメージは現実化するという言葉がナポレオン・ヒルの本にもありますが、もし負けや罰を受けている姿をイメージしながら本番に向かったらどうなるか。「それが現実化する」ということですね。この辺には理論的な裏付けもたくさんあります。

3 ポジティ語とポジティブストローク

　人は言葉を聞いてその言葉を頭の中で理解して、そこからイメージを描くわけです。だったら**成功のイメージができる言葉**を使いましょう。日本ペップトーク普及協会では**ポジティ語**という造語をつくりました。これはポジティブな言語、もしくはポジティブなイメージができる言語の略で**ポジティ語**にしました。

　これについてはもう一度説明しますが、その次に書いてあるのがポジティブストロークです。これは交流分析という心理学の一分野を構築されたエリック・バーン先生によると、**聞く側に好印象を与える接し方を「ポジティブストローク」**と言い、聞く側が嫌な思いをする、ネガティブな印象を与える接し方を「ネガティブストローク」と言う、とおっしゃっています。

　これを皆さんにお伝えしていて、小学校の教科書の中で、「**ふわふわ言葉**」と「**ちくちく言葉**」というのがあるということを聞きました。これはペップトークとプッペトークにえらく似ていることに驚きました。**聞く側が嫌な思いをする接し方が「ちくちく言葉」。温かい気持ちになる接し方が「ふわふわ言葉」**なんだそうです。まさにネガティブストロークとポジティブストロークの違いではないかと思うのですが、実はスポーツの現場のペップトークを実際に聞いてみると、かなり激しく厳しく怒鳴っていることもあります。しかし、その激しく怒鳴っていても聞く側が「っしゃー！」とやる気

3　ポジティ語とポジティブストローク　13

になれば実はポジティブストローク、ペップトークであり、笑顔で優しく穏やかにしゃべったとしても聞く側が「何だよ……」と思ったら、これは「ちくちく言葉」、ネガティブストローク、プッペトークになるのではないかと思います。その例として、立命館大学アメリカンフットボール部の監督さんがお話になった映像を講演では見てもらっています。激しく叫んでいるのですが、一切ネガティブな言葉を使っていません。

　例えば、笑顔で優しく穏やかにしゃべっても、聞く側が嫌な思いをしたらプッペトーク、ネガティブストロークなんですね。ちょっとやってみます。

　県大会決勝戦まで勝ち上がってきた子供たちに対して笑顔で優し

く穏やかに……

「さあ、みんな。いよいよ決勝戦だね。よくここまで勝ち上がりました。先生、はっきり言って、まぐれだと思う。今日の対戦相手は県内でも強豪校。あいつらいっつも全国に行ってるんだよ。だからあきらめろ。もう負けてもいいから、けがしないでおうちに帰ろうよ。そしたら先生がお母さんやお父さんから文句言われることもないでしょ。さあ、行ってこい、無理しないでね。」
って嫌な感じでしょ（笑）。

　笑顔で優しくても嫌な感じがしたら、実はプッペトークになります。激しく厳しく怒鳴っていても、聞く側が「っしゃー！」とやる気になればペップトーク、ポジティブストロークなのです。

3　ポジティ語とポジティブストローク

4 表現力・伝承力

　表現力、伝承力という言葉があります。身振り、手振り、口調や語調、間の取り方。**メラビアンの法則**といって、**どういうしゃべり方が相手に好印象を与えるかという研究**もたくさん行われていますし、話し方教室に行けば、いろんな話し方を学ぶことがあると思います。

　日本語でペップトークが普及するようになってからは、いわゆる根幹となる目的語も大事にする、主語も大事にするけれども、もう1つ助詞も大事にします。「てにをは」のことです。

　例えば、先生が生徒に対して、「君でいい。行ってこい」と言うか、「君がいい。行ってこい」と言うかということです。「で」と「が」しか変えていませんが、言われる側の印象は全く違いますね。この助詞選び、てにをは選びを失敗すると、相手に与える印象が大きく変わります。日本語は助詞が大事です。

　例えば、男性が女性に対して「今日はきれいだね」と言ったら駄目ですよね。「今日もきれいだね」と。こんな話を企業研修していたら、ある人事部長さんがこうおっしゃいました。ラポール、信頼関係がうまく構築できていない上司から言われると「今日は」だろうが「今日も」だろうが、女子社員の方は「きれいだね、いいことでもあるの？」なんて言われると、セクハラで訴える危険性があるそうです。これは言葉も大事、表現力も大事だけれども、普段か

らのラポール、信頼関係の土台の上に立ったコミュニケーションなのです。会ったら挨拶をするとか、相手のことを認める、あるいは敬意を払う、という普段から人として当たり前の信頼関係づくりができているかどうかで、言葉の意図が相手に伝わるかどうかにも大きな影響があります。家庭でも子供は親の背中を見ています。学校でもいっしょだと思います。生徒は先生方の背中を見ています。ラポールの構築ができているからこそ、言葉の意図が伝わる。時に失言があったとしても許される可能性もラポールという土台があるからこそではないかと思います。

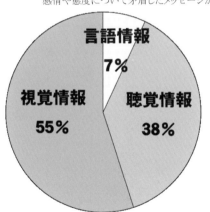

メラビアンの法則

好意・反感などの態度や感情のコミュニケーションを扱う実験
感情や態度について矛盾したメッセージが発せられたときの人の受けとめ方

- 言語情報 7%
- 聴覚情報 38%
- 視覚情報 55%

話の内容などの言語情報が7%

口調や話の早さなどの聴覚情報が38%

見た目などの視覚情報が55%

「言語情報＝Verbal」
「聴覚情報＝Vocal」
「視覚情報＝Visual」
「3Vの法則」とも言う

※アメリカの心理学者アルバート・メラビアンの実験

5 ポジティ語について

　ポジティ語は２つの要素があると私たちは考えています。１つは**「とらえ方変換」**です。目の前にある事実をネガティブな立ち位置でとらえるか、ポジティブな立ち位置でとらえるか。例えば、手順が煩雑な課題を与えられたときに、「こんなのできるわけないじゃん、無理。絶対できない」とネガティブな立ち位置でとらえるか。「これ、すごいですね。相当やりがいがありますよね。できたら感動するかも」と楽観的にポジティブにとらえるか。目の前にある課題は同じなのですが、ポジティブな視野あるいは視座、視点からとらえるか、ネガティブな視座からとらえるかということです。できればできるだけポジティブなとらえ方をしませんか。

　そしてもう１つが**「してほしい変換」**です。誰かに何かを言うときに「してほしくないこと」を言うか、「してほしいこと」を言うかということです。私が小学校時代、廊下には「廊下で走るな」、壁には「落書きをするな」、くみ取り式のトイレでしたが「外にこぼすな」、全て「してほしくないこと」が張り紙になっていました。最近は、小学校にお邪魔すると、「してほしいこと」に書き換えられています。「廊下では静かに歩きましょう」「物は大切に使いましょう」、トイレには「きれいにお使いいただきありがとうございます」と「してほしいこと」が言語化されているんですね。誰かに何かを伝えるとき、それが教育、場合によっては叱責のときも「して

ポジティ語＝ポジティブ＋言語

とらえかた変換

事実のとらえ方を変えて別の表現に言い換えること

例：手順が煩雑そうな課題を前にして

難しい⇒やりがいがある

むりむり⇒チャレンジできそう

してほしい変換

してほしいことをイメージできる言葉を使う

例：してほしくない言葉⇒してほしい言葉

ミスをするな⇒思い切ってやれ

廊下を走るな⇒廊下は静かに歩こう

ほしくないこと」ではなく、「してほしい」表現に変えることができます。

　こういう話をしていたら、日本テレビの方から呼ばれて、学園ドラマで「ペップトーク」を使いたいという連絡がありました。私が書いた『心に響くコミュニケーションペップトーク』（中央経済社）という本がドラマで使われました。

　『先に生まれただけの僕』というドラマの第5話です。真柴先生（蒼井優さん）が市村先生（木南晴夏さん）に、このペップトークの本を喫茶店で渡して2人で読んでいる場面があります。真柴先生が学校の廊下を歩いているときに、私の本を抱いて歩いている。

　そして、3人の先生が学校改革を進める校長先生に逆らって反抗

ばかりしていたんですが、その3人の先生たちが集まっている理科準備室で真柴先生がこの本を渡します。そして、その3人のうちの1人は、やっぱり逆らうんですが、2人の先生が教壇の上にこの本を置きながら、生徒を励ますという場面がオンエアされたのです。そうすると、翌日のアマゾン総合ランキングで私の本が1位になってしまいました。

　また、映画では、ペップトークがよく登場します。『REMEMBER THE TITANS（タイタンズを忘れない）』、『ANY GIVEN SUNDAY（エニー・ギブン・サンデー）』、『MIRACLE（ミラクル）』などの映画の中で、ペップトークが使われています。

　『健康づくり』という雑誌で、私は50回以上、この映画のここにこんなペップトークがあるという記事を書いています。例えば『REMEMBER THE TITANS（タイタンズを忘れない）』の舞台は高等学校のアメリカンフットボールです。その中で、何度もデンゼル・ワシントンさんがペップトークをしている場面があります。ちょっと重いセリフなんですが、南北戦争で戦場となったゲティスバーグまでみんなで走って行って、生徒たちは白人と黒人、ちょっと仲たがいをしているのですが、「歴史の過ちを繰り返すつもりか。お互いに相いれないのは分かる。でも、プレーヤーとしてお互いを尊敬することはできるだろう。今こそ1つになるときだ」というペップトークをするのです。

　そして、一番有名なのが『MIRACLE（ミラクル）』という映画です。1980年レークプラシッド冬季オリンピック、アメリカのアイスホッケー代表チームは学生選抜でした。まだプロが出られない時

代だったからです。そんな学生たちが、勝てるわけがないと言われていた予測を覆して勝ち上がっていき、当時の世界チャンピオンのソビエトと戦う直前のロッカールームで監督さんがお話しになったスピーチはペップトークでした。実は翻訳の段階で「If we play 10, they might win 9」「もし10回戦えば彼らが9回勝つだろう」と言っているんですけれども、吹替版はそのまま忠実に訳されているのに字幕版はこう訳しているのです。「10回なら9回負ける。だが今夜は違う。今夜は負けない」。これは負けをイメージさせる言葉が2回入っているんです。というわけで、私に言わせると、吹替版はペップトークだったんですけれども、字幕版は負けをイメージさせた時点でプッペトークになっている。これはすごく分かりやすい例です。翻訳の段階でペップとプッペに分かれてしまったのです。これぐらい些細な違いなんです。だから良かれと思って言っているけれども、おまえら負けたら許さんぞと言ったら負けをイメージするし、許されないイメージをする。どうしよう、怖いよ怖いよといいながら試合会場に行くみたいなもので、負けをイメージさせると良くないですよね。

　そして、このスピーチは後半に「もう古い」とソビエトのことを言っているんですね。「ソ連はすごいという話ばかり聞かされ続けて、もう古い。時代は俺たちのものだ」と言いますが、実はこの「もう古い」という訳のところは英語では、「screw them」です。私は「ひねりつぶせ」と訳しています。スクリュードライバーのスクリューだからです。彼らをかき乱せとか彼らをかき回せとか、ひねるでもいいと思っています。ですから、ソ連はすごいという話ば

かり聞かされ続けているので、「あいつらをひねりつぶせ」と言ったわけです。

　この激しい言葉は、時と場合、種目によっては、OK です。これは例えば、クラスマッチとか運動会とか、種目、状況、立場によっては激しい言葉も使う可能性があるということです。氷の上の格闘技、アイスホッケーの実話です。1980年のレイクプラシッド冬季オリンピックのアメリカ、アイスホッケー代表チームの、当時のハーブ・ブルックスという監督がお話になったスピーチをカート・ラッセルという俳優が演じています。アイスホッケーは意図的に突っ込んでくることがルール上許されています。実はパラリンピックで肉体がぶつかるのを許されているのはパラアイスホッケーだけなんですね。ルール上ぶつかってもいい。だから激しくぶつかっていけ、そんなもの弾き返せ、ひねりつぶせ、たたきのめせと言ってもおかしくない。

　それでは何を無しにしようというのがペップトークかというと、ネガティブなイメージですから、シュートを外すな、負けるな、ミスをするな、加えて氷の上の格闘技だから「滑って転ぶな」、と言わないわけです。滑って転んでいる姿は要らない。けがをさせられるなとか、今日の相手はやんちゃだけどケンカをするなとか、そういうイメージは要らない。激しい言葉は時と場合によっては使いますが、ネガティブな言葉は使わないのがポイントです。ですから、常に優しいとは限らないのです。状況によっては激しい言葉を使うこともあり得るのです。

　それからこの映画で、**「時代はおまえたちのものだ」**というとこ

ろを英語で何て言っているんだろうと調べてびっくりしました。「This is your time」と言っている。簡単な英語。さらに、**「必ず奪い取ってこい」**これも「Go out there and take it」そこに行ってそれを取れ。小学生でも分かる英文だったのです。ペップトークの最大の特徴というのがここにあります。小学生が聞いても分かるぐらいシンプルな英語なんです。誰が聞いても覚えられるぐらいです。

　この映画が公開された当時5歳だったジョシュアという男の子がセリフを完璧に覚えて、まねするのが話題になりました。この映画が封切られてから2～3年の間、ジョシュア君がいろんなテレビに出ちゃいました。

　シンプルな言葉にどれだけの本気、思いを乗せて伝えられるのかが大事なのがペップトークです。かっこいい難しい言葉でなくていい。どれだけ心を込めてこのセリフが言えるか。だから佐々木則夫監督の「思いっきり楽しんでこい」という言葉にやヨハンコーチが言った「金メダル欲しいけど、最高のレースをして思いっきり楽しんでこい」とおっしゃった、そのシンプルな「言の葉」にどれだけの本気が乗っているかが大事なのです。これをぜひ分かっていただきたいと思います。

5　ポジティ語について　23

6 ペップトークの手順・方法

　ペップトークをする上で一番大事だと言われているのは、「人」と「力」です。目の前にいっしょにいる全ての人、その存在を受け入れること。そしてその人たちがその日までに身に付けた全ての力。試験だったら学力だったり、スポーツだったら体力とか技術だったりするわけです。今、目の前にいる人とその人たちが今持っている力を受け入れるというところが大事です。試合や試験、発表会などの本番を迎えると、立場や状況や精神状態が変わってきます。それも受け入れる。

　ですから、『MIRACLE（ミラクル）』のスピーチの場合は、そこにいる選手たちの存在も、その日までに身に付けた力ももちろん受け入れているわけですが、プラス、今回は相手のほうが圧倒的に強いという状況。そしてみんなの精神状態も考えた上で、「10試合戦えばソ連が9回勝つだろう」と**ポジティブな表現**、**ポジティ語**でそれをとらえています。10回やったら9回負けるだろうと言っていないんですね。で、キーワードとしては「今夜は私たちの番だ。今夜は私たちが世界一になる。今夜は私たちが勝つ番だ」と。（今夜は私たち）「Tonight, we」が繰り返されながら全体としては1分45秒、短い時間で、そしてシンプルな言葉を使って成功のイメージ、勝って大喜びをしている姿のイメージが語り手と聞き手が共有できるようなスピーチにするというのがペップトークの大事な手順、方

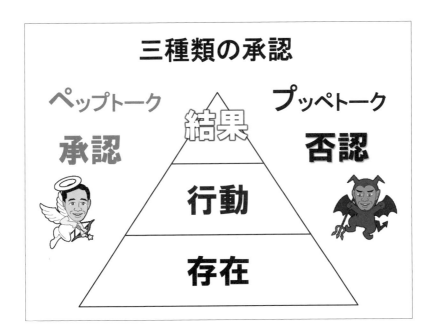

法です。

　良い例と悪い例をやってみます。

　生まれて初めてのピアノの発表会。手が震えるぐらい緊張している女の子をまずはプッペトークでつぶしてみたいと思います。

「あれ、あなた、手が震えてるの？　この程度の発表会でそんなにびびっていたら、今日までのお稽古、練習、全部無駄になるよ。今日、本番でちゃんと弾けないなんてことして、私の顔に泥を塗ったら発表会に出しませんよ。他にも出たいっていう子はいくらでもいるの。別にあなたじゃなくても良いわけ。しっかりしなさい！ミスしたら絶対に許しませんからね！」

　これは悪い例です。これは何をしたか。実はこの三角形の図なん

ですが、存在も行動も結果も全部否認したんですね。「他にも出たいっていう子はいくらでもいる」というのは存在否認。「今日までのお稽古、練習全部無駄になる」これは行動否認。そして結果はまだ出ていませんが「ちゃんと弾けないなんてことをして私の顔に泥を塗ったら」と結果も否認したんです。

これをペップトークに変えるために何が必要かというと、事実を受け入れることです。その子にとって生まれて初めてのピアノの発表会で本人は手が震えるくらい緊張している。そんな立場も状況も精神状態も、全ての事実を受け入れて、先ほどポジティ語のところで説明したとらえ方を変えます。どうとらえるかを明確にして、「してほしいこと」、その子にできることを言語化して、さあ、行ってこいと背中のひと押しをします。

「あら、あなた、手が震えているのね。大丈夫、先生もそうなったことあるよ。それはあなたが本気になった証拠なの。今日まで一生懸命練習してきて、今日、この本番で最高の演奏をしたいって本気で思っている証拠なの。本気になればちゃんと弾けるって、お稽古のときにいつも言っているよね。だから、その自分の本気を信じよう。そして今日お集りの皆さんにあなたの本気の演奏を聴いてもらおう。さ、行ってらっしゃい。本気で弾いておいで」

何をしたかというと、まずは手が震えているという事実を受け入れる。また、先生もそうなったことあるよと安心させる。そして、とらえ方を変える。それはあなたが本気になったという証拠なんだよと。自分の本気を信じることは、今のあなたにできること。そして、自分の本気を信じて本気の演奏をしておいで、という背中のひ

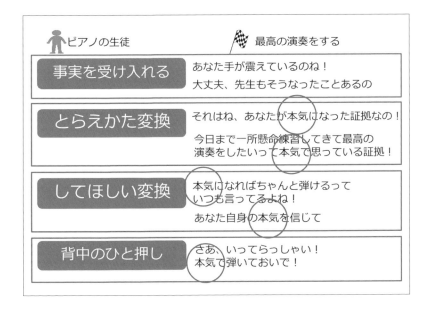

と押し。事実を受け入れ、とらえ方を変え、してほしいことを言語化した上で背中のひと押しをした、このペップトークの中で使った**キーワード**は「**本気**」でした。

　この事実を受け入れ、とらえ方を変える言葉変換がちゃんと相手に伝われば、「あ、そうか、そういう考え方もあるんだ」となりますね。「**わかる気**」です。とらえ方を変えた上で、あなたにはこういうことができるよね、と、してほしいことを明確にすることによって、それだったらできる気がします、自分の本気を信じなさいと言いました。最後に「**できる気**」が出た後に、じゃあ今できること、今できるあなたにとっての最高の演奏をしておいでと背中のひと押しをするのですが、そのひと押しに関する言葉選びに関しては、実

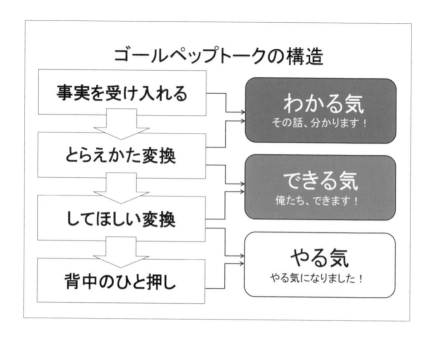

は頑張れという言葉が嫌いな子には頑張れを言わないほうがいいし、頑張れと言われたい人には頑張れと言ったほうがいいのです。普段のコミュニケーションの中で、その子をどんな言葉で「**やる気**」になるのかを見つけておくのがラポール構築の重要な要素になります。

　そして、「わかる気」「できる気」「やる気」を刺激して、本人の内側にある「その気」を引き出すのがペップトークの目的なのです。

7 首尾一貫感覚とプライミング効果

　アーロン・アントノフスキー著『健康の謎を解く』という本の中でSOCという言葉がでてきます。SOCとは「首尾一貫感覚」。「わかる気、できる気、やる気」というのは、実はこれからきています。アントノフスキー先生が研究したのはナチスの収容所を生き延びて、世の中に復帰してからも強くたくましく生きていた人たちの特性です。財産も失い、家族も全て失ってしまっても強くたくましく生きてきた人たちはどういう傾向があったかというと、この3つの感覚を首尾一貫して持っていたのです。まずは状況把握感。そして処理可能感。自分にもできることがある。そして自分自身が生きていくことに意味があるという有意味感。もう誰もいなくなった、財産もないけれども生きていくことに意味があるという有意味感。私たちペップトーク普及協会では状況把握感を「**わかる気**」、処理可能感を「**できる気**」、有意味感を「**やる気**」と翻訳しています。この3つを、わずか1分、あるいは2分のペップトークの中で相手に喚起できたら、ペップトークの成功は間違いなしです。ペップトークは、SOCの理論に基づいた声がけになっています。

　「プライミング効果」というのは、**ある1つのキッカケによって印象が大きく変わってしまう**、という意味です。31頁には8つの要素を書きました。まず「**言葉**」。ものすごく嫌な言葉を言われると、その対角にある「**思考**」がネガティブになります。マイナス思考で

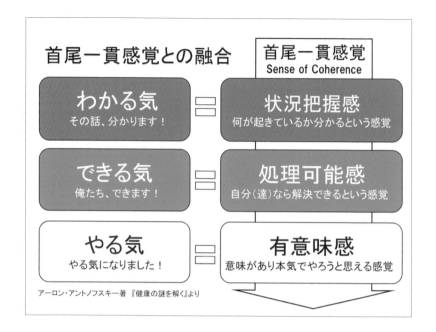

す。マイナス思考になると、その左隣にある**「感情」**は悲しむ、落ち込む、怒る。それは、その対角にある**「表情」**に出ます。表情に出るぐらい感情がネガティブになってしまうと、その真下にある**「姿勢」**が乱れます。姿勢が乱れると当然、姿勢の対角にある**「動作」**がいい加減になったり止まってしまったりミスが出たりということが起きます。そうすると、今度は右側にある**「呼吸」**が乱れ、その対角にある**「生命」**エネルギーがマイナスになってしまうこともあります。たった1つの言葉によって全部がネガティブになることもあります。

　これと同じルートで真反対のことも起こります。ものすごくうれしい言葉を掛けられるとプラス思考になり、感情は前向きになるの

で表情は良くなり、姿勢が整うと動作が正確にあるいはダイナミックになり、呼吸が整い、生命エネルギーがプラスになる。たった1つのキッカケによって全てが前向きになることもあります。指導者あるいは**先生からすれば、「表情」と「言葉」、この2つのキッカケで、生徒たちを一瞬にして後ろ向きにすることも前向きにすることもできます**。だから、言葉選びを大事にしましょう、言葉というキッカケで頑張りましょう。

　心理学では、特に嬉しくなくても表情を明るくすれば、気持ちが前向きになると言われています。

　選手自身は、例えば「呼吸」を整えるところから全部をプラスにしようとか、あるいは姿勢やアンカリングによってプラスにしよう、

あるいは五郎丸選手で有名になったポジティブルーティンのような
ある一定の動作パターンをすることによって気持ちを前向きにしよ
うという、いろんなキッカケから脳内を前向きにしようというアプ
ローチができるんです。

　大事なのはイメージです。どの切り口から入ってもイメージを大
事にしてください。成功のイメージです。

8 イメージは現実化する

　イメージは現実化します。ゴルフで例えますと、今からショット
を打とうとしているときに成功のイメージを描くことも失敗のイメ
ージを描くことも自由です。スポーツ心理学の先生方はいとも簡単
に成功のイメージをしながらプレーしてくださいねとおっしゃいま
すが、われわれは現実的にはついつい失敗のイメージをしてしまう
こともありますよね。例えば、「俺、このホールに来るといつも池
ポチャしちゃうんだよね」とおっしゃった方。「ご安心ください。
今日もその池に入ります」と言っています（笑）。なぜなら、それ
を口にしたからです。そして、口にするということは、脳のいろん
な分野や領域が、池ポチャをイメージしたことになります。まずは
想像しました。口に出しました。自分でも聞こえます。いろんな領
域が池ポチャをイメージしたわけです。

　言ったことが自分に返ってくる「オートクライン」という言葉が
あります。例えば、「ちくちく言葉」を言うと、結局それが自分に
返ってきます。生理学の言葉なんですが、細胞が自分から出す分泌
液によって自分自身の細胞を活性化するというところから転じて、
ビジネスやコーチングの世界では、自分が発した言葉あるいは自分
の行動が自分に返ってくるという意味で使われています。それを
「オートクライン」というのですが、結局、「俺、ここに来たらいつ
も池ポチャしちゃうんだよね」と言ったら、もうそれをイメージし

イメージは現実化する！

成功のイメージ　　　　失敗のイメージ

ているということで、それが現実化するのです。

　もっと問題なのは「俺、大事な場面になるとバンカーに入れるタイプなんだよね」と言ってしまうことです。**「タイプ」**と言うと、自分でラベルやレッテルを貼ったことになります。いよいよ大事な場面が来ると自分自身の全細胞たちが語りかけてくるんです。「ご主人さま、いよいよ大事な場面ですよ。今日はどのバンカーにいたしますか。あちらのバンカーがお望みなら肘をちょっと引っ張ればスライスしますよ」みたいなことです。自分自身がしたことがあるので、それをイメージしたとおりになっていくのです。大事なのは自分でネガティブなラベルやレッテルを剥がすこと、すなわちポジティブな表現を使うようにすることです。口ぐせを変えようという

ところは、後ほどご紹介する「セルフペップトーク」につながっていきます。

9 イメージは目的語？

　日本語はイメージになる目的語を先に言う言語です。「ピンク色のアフリカ象を（間をおいて）イメージしないでください」と言うと会場がどよめくんです。もう、イメージしましたよね。日本語は目的語が先に来るんです。英語だったら、「Don't image ピンクの象」と Don't image を先に言うけれども、日本語は目的語を先に言います。だから、「ミスをしないでください」と言ったら、ミスが目的語だからそのままイメージになってしまいます。ということで、「池ポチャするな」は「池ポチャ」、「ミスをするな」は「ミス」、「負けるな」は「負け」をイメージさせてしまいます。だから、大事なのは目的語選びです。目的語をどう選んで言うかによって、相手のイメージが変わってくるのです。相手の頭の中に、どんなイメージを描かせたいですか。

　「廊下は走るな」と張り紙があった。だから走っていたら「こら岩﨑、廊下を走るな」と叱られた。これ叱責です。だったら、教育の世界では叱責の際も、してほしくないことではなくて、してほしいことを言ったらどうでしょう。せっかく張り紙が、「廊下では静かに歩きましょう」になったんだったら、叱るときも「おいこら、岩﨑、廊下は静かに歩きなさい」と、してほしいことを伝えてはいかがでしょうか。

　ペップトークは、本番前、試合前に成功や勝利のイメージをさせ

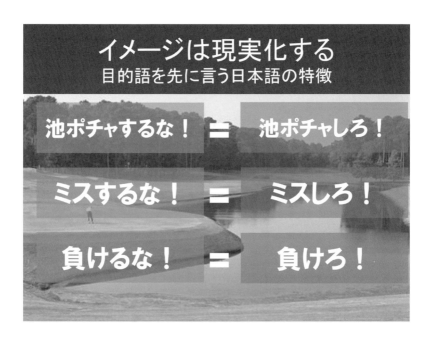

るポジティ語を使いますが、教育や叱責も、してほしいことを言語化して、「してほしい変換」をしたら、もっと世の中は良くなるのではないでしょうか。「うそをつくな」ではなく「正直に話してね」、「さぼるな」ではなく「しっかりやろう」、「ぼけっとするな」ではなく「集中しよう」、そういう言葉選びです。"Don't" から "Do" に変えていきませんか。

　1つ、ここで注釈があります。例えば今からサーブを打とうとしている選手に「ミスをするな」と言うのは失敗のイメージだから言わないというのがここまでのお話ですが、理想が高過ぎるイメージを言うと、パワハラになりかねません。厚生労働省人事院が出したパワハラハンドブックに6つに分類されているなかの一つ「過大な

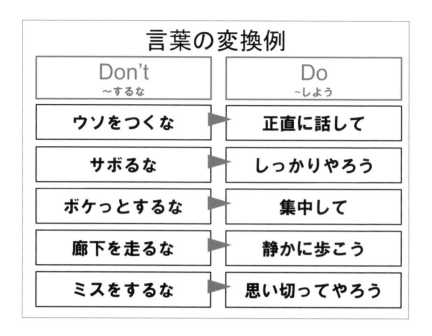

要求」になります。身体的な攻撃、精神的な攻撃、人間関係からの切り離し、プライバシーの侵害、過大な要求、過小な要求。この中の「**過大な要求**」というのが、**その人にできないことを無理やりやらせることです**。「**過小な要求**」というのは、**その人にとってはつまらない仕事をわざとさせる**。単純作業をずっとさせるとか能力ある人にトイレ掃除ばっかりさせる。そして理想のイメージも度が過ぎると「過大な要求」になりかねない。「おまえがサーブを打つんだったら25本連続でサービスエース取って1セット取ってこい」というのは無理です。そういう非現実的なイメージは「過大な要求」、パワハラになりかねないのです。

　だから、私たちが選ぶ言葉は目の前にいる人のできる、もしくは

できるかもしれない、子供たちが昨日までできなかったことが今日できるようになるかもしれないので、できるかもしれないことも含めて言葉を選んでほしいのです。「今日まで一生懸命準備したのを知ってる。だから今できる最高のサーブ、思いっきり打ってこい」そういう言葉を選びましょう。

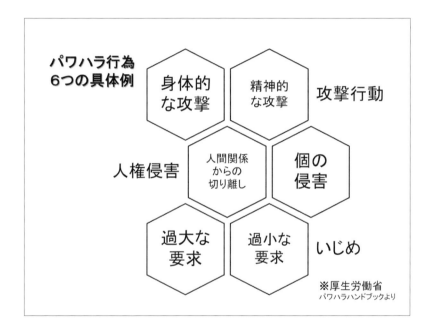

9 イメージは目的語？

10 克己のライン

　子育ての場合には確かに、かもしれない、今日初めてできるかもしれないというのがあるのですが、スポーツ界でも、かもしれないことを意識しているのはなぜかというと、**「コンフォートゾーン」**を自分の力で抜け出せない子供たちが増えてきたからです。「コンフォートゾーン」というのは快適な領域なので、大人にとっては快適な領域で仕事するのもいいかもしれませんが、頑張っているつもり、という領域にとどまると成長しません。だから、指導者、先生方が成長領域に導くために**「有効限界」**を超えさせる。「もうちょっと頑張ったらもっとうまくなれるよ」とか「もっと面白いよ」とか声がけがあると思うんですが、「有効限界」を超えると**成長領域**に入るのです。

　勝負になってくると、例えば日本一になりたいとか世界チャンピオンになりたいとかになると、指導者や先生を超えていくということもあり得ます。実は実業団でも、監督やコーチ、トレーナーを超えるくらいの選手がいないと日本一になかなかなれません。そこには、「克己」のラインというものがあります。

　「克己」というのは**「自分自身の限界を超えること」**です。自分の限界を超えたときに初めて挑戦領域に入ることができます。ところが、挑戦領域を超えて「安全限界」（安全を守ること）も突破すると、危険領域に突入してしまいます。危険領域に入るとけがをし

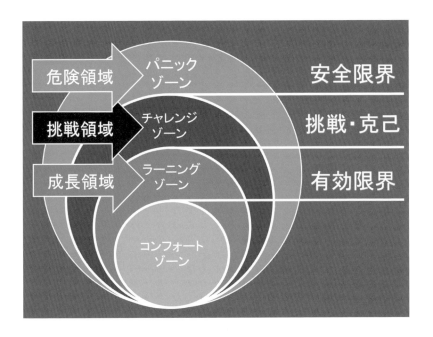

てしまうかもしれない、嫌になってやめてしまうかもしれない、種目や状況によっては命を落としてしまうかもしれません。指導者は「有効限界」を超えさせ成長領域に導く大事な仕事です。同時に「安全限界」を守らせ、危険から回避できるようにする必要性もあります。盛り上げながらも制限しなければいけない、この見極めと声がけができる必要性があります。

　ある女性の指導者の講演を聞きに行ってきました。すごい人だなと思ってその人のフィーチャリングされたテレビを見ていたら、ある日、こうやって叫んでいました。「あんたらね、無理しいや。日本人は脚が短いんやから、股が水から出るくらい脚、出さんと勝てへんで。でも、無茶したらあかんで。水の中で無茶したら死んでま

うで」とおっしゃっていました。「無理しいや」で「有効限界」を超えさせ、「無茶したらあかんで」で「安全限界」を守らせる。なんて素晴らしい言葉選びなんでしょう。言葉の使い分けが魔術師のようです。アーティスティック・スイミングの指導者である井村雅代さんです。実はバレーボールのチャレンジリーグ、プレミアリーグの全監督を集めたイベントに井村先生に来てもらったのです。私はその講演をトレーナーという立場から聞かせてもらいまして、すごく感動しました。そうしたら、その数日後にテレビで放映されていたのです。井村先生が怒鳴っている場面。井村先生はものすごく怒るのですが、改善点とフィードバックを完璧に使いこなしておられました。

　「講演に出かけるようなことがあり、チームに戻ると選手たちの練習が終わっていました。『あんたら、今日、しっかりやったの？私がいなくてもちゃんとやった？』って聞くと、ぴしっと整列して『はい。死ぬほど頑張りました』と言った瞬間、私切れちゃったのよね。『死んでないやないかい』って叫んじゃいました」と（笑）。井村先生らしいですよね。もうびしっと言えている段階で死ぬほど追い込んでないだろうと頭に来たらしいんです。ふらふらであれば満足したかもしれない。ちょっと厳しすぎるかもしれませんが、井村先生らしいエピソードです。

11 内発的動機付け

　スポーツの世界では、これまで賞罰どちらがいいかという議論が行われていました。ダニエル・ピンク氏の『モチベーション3.0』という本があります。アメとムチによってやらされるのは外発的動機付けによるものです。外発的動機付けだから、スポーツ界でアメとムチどちらがいいか、ご褒美がいいのかそれとも罰を与えるのか、という議論がありました。その議論に終止符が打たれたのは体罰が禁止されたからではありません。

　内発的動機付けというのは、自分自身がもっと強くなりたい、うまくなりたい、賢くなりたい、良くなりたいという自分自身の内側から出てくる「やる気」のことですが、スポーツの世界ではそれを「その気」と言っています。「やる気」と違って「その気」。「その気」を引き出す声がけができるかどうかが勝負です。

　アメとムチはやっぱり人からやらされているので限度があります。でも、自分が誰かのために頑張りたいとか、こういう夢を実現したいとか内から来るものが一番強いのです。**「アンダーマイニング効果」**という言葉があります。**内発的動機付けによって頑張っていたものに突然ご褒美や罰が与えられることによって、「やる気」をなくしてしまう**ということがあるのです。

　初めて勝ちました。優勝賞金がもらえました。「来年も賞金を取るように頑張るぞ」と言った瞬間から外発的動機付けになります。

アンダーマイニング効果

内発的に動機づけられた行為に対して、
報酬を与えるなど外発的動機づけを
行うことによって、動機づけが低減する現象
過正当化効果ともよばれる

注）
「外発的モチベーション」
頑張ることで物質的な報酬や評価を得ようとする意欲

「内発的モチベーション」
仕事や遊びの内容自体に面白さや充実感などを感じて頑張ろう
とする意欲

それまで好きで得意で頑張ってきたものから、ご褒美が欲しくて頑張るものになると突然、外発的動機付けになります。次のシーズンに、例えばスタートでつまずくと、「ああ、もう無理じゃん」となります。好きで得意だったら、それはないのです。勝っても負けても関係なく好きで得意ですから、やり続けるのですが、今年も賞金王を取りたい、でも、開幕戦で負けた、相当厳しい。途中もうまくいかない。あ、もう無理だ。そうすると、どんどんやる気をなくします。そのうちやめてしまうということが起きるのです。

　ですから、外発的動機付けに自分自身が変わっていないかチェックします。羽生結弦選手はオリンピックで連覇しても、いまだに感謝して、そして４回転アクセルにチャレンジする、チャレンジし続

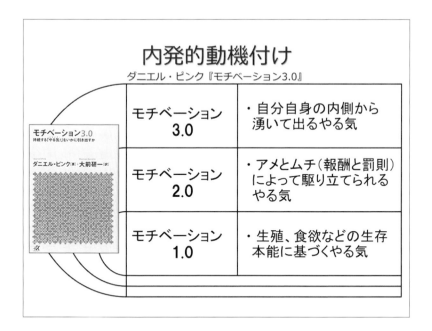

けるそうですよ。とても信じられないですけれども、彼のモチベーションは内発的動機付けから来ているようです。

12 柔軟思考と学習目標

　キャロル・S・ドゥエックの『マインドセット「やればできる」の研究』という本の中に、「固定知能感」と「拡張知能感」という言葉があります。これ、日本語なのに外国語みたいに分からない。私は、一般の人は何て言うだろうと考えて、**「固定観念」**と**「柔軟思考」**と訳してみました。「どうせ俺なんか無理」というのは「固定観念」です。「人って頑張ったらどうにかなるんじゃないの」ぐらいの感じが「柔軟思考」です。「固定観念」を持っている人は、その自分が決めてしまった「思い込み」から抜け出すことが非常に難しいです。だから、どれだけ努力をしてもどれだけ工夫をしても、固定観念が強い人は、自分の思い込みから抜け出せないんだそうです。だから、やっぱりマインドセット、要は柔軟に物事をとらえたり考えたりすることができるようになると、努力と工夫によって奇跡を起こす可能性が出てきます。必ず奇跡を起こせるとは限らないのですけれども。

　成長する、昨日より今日、今日より明日のほうが強くなりたい、うまくなりたいというのは柔軟思考を持った人のほうが、現実化できるのです。「どうせやったって無理だ」という子は成長しないそうです。可能な限り柔軟思考を子どもたちに植え付けていくのが初等教育の中でも大事なのではないかと思います。

　そして、「達成目標」対「学習目標」。今までは達成目標で指導し

マスタリー(熟達)を目指すには

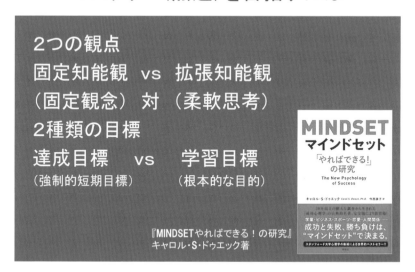

てきました。例えば、次の中間テストで60点取りなさい、みたいなのが達成目標です。それに対して、学習目標とは、英語で外国人と挨拶できるようになりなさい。点数を取れというものとしゃべれるようになれというものは違うんですね。

　いやいやそうは言っても、「短期目標、中期目標、長期目標を立てて俺たち頑張っていたよね」という過去を考えると、この達成目標が悪者扱いされて学習目標がいいと言われてもよく分からなかった。しかし、読んでいくうちに、私が訳し直したのは、強制的に与えられた短期目標。これを与えられると、ずるをしたり一夜漬けしたり山かけしたりカンニングしたりして、何とかその強制的な短期目標をクリアしようという正当な努力じゃない方向に行ってしまう

危険性がある。それに対して、根本的な目的を明確にした場合、例えば英語を学ぶことによって外国人とコミュニケーションが取れるようになろうねだったら、これはずるはできない。もうしゃべってみるしかないし、挨拶してみるしかない。外国人の先生と何か会話を成り立たせてみるという根本的な目的を明確にすることではないかととらえたんですね。

　強制的に短期目標を与えられた子はずるを覚えてしまいました。それに対して、根本的に、何のためにこれをやるという、明確な目的を与えられた人はずるができないから一生懸命やるわけです。

　上田昭夫さんは1985年に母校の慶應大学を日本一に導きました。その後、フジテレビのスポーツキャスターになられて、テレビ局で長く活躍されていたんですが、慶應大学創部100周年のときに、またラグビー部、勝ちたいということで監督として呼び戻されたんです。そして、本当に1999年の100周年で優勝したんです。慶應大学は２回優勝しているのですが、２回とも上田さんが監督なんです。

　その際、『王者の復活』（講談社）という本を書かれて、今の若者を動かすのに必要なのは、「命令」ではなく「説明」なのだと上田さんは言っています。無理やり何かを命令してやらせるのではなく、根本的な目的を理解させる。なぜやるのか、何をどうやるのか、どれだけやるのかをきちんと説明するしかないと。これがまさに強制的な指導 vs 説明、ではないかと思います。それで、人はマスタリー（熟達）を得られるのではないでしょうか。

「何故」と「何」の明確化

『王者の復活』（講談社）上田昭夫著

『今の若者を動かすのに必要なのは、
「命令」ではなく「説明」なのだ』

「何故やるのか」
　　理由をきちんと説明して納得と理解を得ること
「何をどうするか」
　　具体的な内容を明確に示すこと

| 分かる | できる | やる気 |

13 日常にあるネガティブな言葉

　日常生活の中でもネガティブな言葉が飛び交っていますね。先日、札幌に行ったら、着陸のアナウンスでCAさんがこう言いました。

　「皆さま、外はたいへん厳しい寒さになっております。くれぐれもお風邪などお召しになりませんように、ご自愛くださいませ」

　こんなに丁寧に風邪ひけって言われてもですね（笑）。英語圏の人は「Don't catch cold」とは言わないです。「Stay warm」「温かくお過ごしくださいませ」です。

　「そこ凍ってるから滑って転ばないでね」とは言わないですよ。英語圏の人は「Watch your step」「足元に気を付けてね」とおっしゃいます。

　橋の上は凍りやすいから「Don't make a traffic accident」とは言いません。「Drive safe」「安全運転でね」とおっしゃいます。

　このように、「してほしいこと」を言ったらどうでしょう。「駆け込み乗車はおやめください」と言うから、みんな駆け込みますよね。大体、間に合いそうなとき、階段をもうちょっとで降りるときに聞こえたら、やっぱりダッシュするでしょう。結局、これを言われるから、みんなダッシュするのです。

　この前、東京メトロの人に講演してきました。お客様にどうしてほしいですか。そうしたら「安全運行にご理解、ご協力をいただきたい」ということでした。そのままでは分かりにくいですね。具体

13 日常にあるネガティブな言葉

的に「ホームではゆっくりお歩きください」「次の電車をご利用く
ださいませ」というような分かりやすい言葉に変えていきませんか
というご提案をいたしました。

14 科学的根拠のない発言

　家庭でも「うそ」をついていました。「ご飯を食べてすぐにごろごろしていると牛になるよ」。なりませんね。今の子供にこれを言うと「騙す育」になりますね。スマホでちゃちゃっと調べて「お母さん、人間は絶対に牛になんないからね」と諭されますよ。
　「夜更かししていたら、怖いお化けが出るよ」。これも今の子供たちに言っても全く信じません。ある小学校のPTAの講演会でこれを話したら、一人のお母さんが、うちの子にこれを言ったことがあ

るんです、とおっしゃるのです。子供に何て言われたかというと、「お母さん、幽霊が見えるのは霊感が強い子だけ。クラスに2人いるけどね」って。逆にびびりまくって、「どの子！」みたいなことになってしまったというのです（笑）。逆にお母さんがびびったそうですが、おどして言うことを聞かせるというのも今は通用しません。

　今は子供たちもスマホという強力な百科事典以上の情報源を持っていますから、本当のことを言う時代です。説明も説得もそうですけれども、「バランスのいい食事を摂って早寝早起きをしていたら賢くなれるよ、強くなれるよ」。「何で？」「実は、夜10時から2時の間に成長ホルモンが分泌されて、昼間摂取した栄養素を使って鍛

えた分だけ強くなる。学んだ分だけ賢くなる。そのことがもう生理学の研究でも脳科学の研究でも分かっているんだよ」。調べたら「ほんとだ」となるわけです。

というわけで、本当のことを言う時代が来ました。脅すのは通用しないという時代です。

15 肯定質問、オープン質問、未来質問

　「どうして分かんないの」「何でできないの」、学校の先生も親も言いがちな言葉です。これは実はパワハラなんですって。なぜなら、どうして分からないのか分かっていたら、分かっているでしょう。どうして分かんないのっていうのは、本人が分かっていないから分からないわけです。本人に「答えようのない質問」をするのはパワハラです。答えようがないということは「過大な要求」になります。

　このような質問をコーチングの世界では「否定質問」と言います。「肯定質問」に変えればいいそうです。研修の中では、「では先生方、ここから肯定質問に変えたらどうなるか考えてくださいね」と問いかけると、なかなか面白い答えが出てきます。

　「私どもはこう変えたらどうでしょうか。……」と。

　「ねえ僕、どこまで分かったか考えてみようか」「先生、僕、ここまで分かっています」「そうか、だったら君に必要な方程式は、文法は、考え方は、解き方は、コツはこうだよ」と教えることができます。**「肯定質問」**というのは、**どこまでできるか、どこまで分かるかを承認する質問**なんですね。現時点でその子がどこまで分かっているか。これをごまかしたりうそをつくと、どんどん次に進んでいきますから、ますます分からなくなるわけです。どこまでできているか、どこまで分かっているか、本人にしか答えられない質問をして、ちゃんと把握すれば、その子に必要なものが指導できるはず

です。

　私は小学校時代に野球をやっていました。ある日、コーチから言われました。「おい岩﨑、何でそんなこともできないんだ」。当時は素直だったので、思ったことをそのまま言ってしまいました。「教え方、悪いんじゃないすか」（笑）。それで、ぼこぼこにされました。「どこまでできるんだ」だったら、「ここまでできます」と答えます。だったら、「おまえに必要な練習は、トレーニングは、コツは、やり方は、こうだ。体力トレーニングはこうだ」と教えられるわけですね。肯定質問というのは、どこまでできるか、どこまで分かったかを認める質問です。

　否定質問以外にもパワハラになりかねない質問として、**「クローズ質問」**というものがあります。これは**「はい」か「いいえ」以外は答えられない質問**になります。一般的、文法的には、クローズ質問というのは、例えば名前とか出身地とか１つしか答えがない質問をクローズ質問といいます。指導の現場では、「はい」か「いいえ」以外に答えられないのがクローズ質問です。「おまえら負けたいのか」「い、いいえ」「だったら練習しろ」「はい」みたいなことです。「はい」「いいえ」以外一切許さない。昔の体育会系はもっとひどくて、「おまえら走らされたいのか」「いいえ」「じゃあ走ってこい」って（笑）。何で「いいえ」って言わせたの？　みたいなことです。私の妻が実際にそう言われて、翌日みんなで話し合って、また同じこと言われたら、今度は「はい」って言ってみようって決めたそうです。当日、「あんたら、走らされたいの！」って先輩から言われて、前回「いいえ」で走らされたから、「はい！」って言ったら、

15　肯定質問、オープン質問、未来質問　**57**

「何て生意気な子たちなの！　３倍走りなさい」って前回より３倍走らされたということでした。結局、「はい」か「いいえ」どころか「はい」しか言わせないというぐらいのところもかつてはありました。そういうのがパワハラの時代なのです。

　これは「オープン質問」に変えればパワハラになりにくくなります。どうなるかというと、「おまえら、どうしたいんだ」「勝ちたいです」「そうか、勝つためには何が必要だと思う？」「練習です」「どんな練習だ」「もっとちゃんとした練習です」「じゃあちゃんとしたというのがどんな練習なのかみんなで一緒に考えようか」ということです。**「オープン質問」**というのは**意見が言える質問**なのですね。あるいは「勝ちたいです」と言ったら、「どこで勝ちたいんだ」「県大会です」「じゃあ県大会で勝つためにはどこに勝たなきゃいけないか、そのためには何が必要だろうか」。みんなの意見が言える質問が「オープン質問」になります。

　そして、次は「過去質問」ですね。これは、過去にフォーカスをした質問です。例えば、「どうしてそんなことをしてしまったんだ」ということです。これは過去にフォーカスしています。なので、何を答えても言い訳に聞こえて腹が立ちますよね。これを「未来質問」に変えるとそうでもなくなります。「何をしようとしていたらそんなことになったの？」「実は、こういうことがしたかった、で、チャレンジしたら、こういうミスが出ました」。「そうか、だったら君はここから２つのことが学べるよな。まずは、同じ失敗をしないためにはどうすればいいのか、次に、やりたかったことを成功させるためには何が必要なのか。また違うミスが出るかもしれない。う

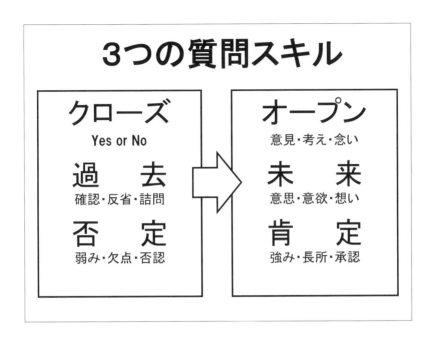

まくいくかもしれない。でも、何が必要なのかもう一度考えようじゃないか」とオープン質問に展開していくことができるんですね。**「未来質問」**というのは**過去ではなく、何をしようとしていたかという未来にフォーカス**をします。

　例えば、子育ての場面です。お父さんが大事にしていた茶碗を割った。「何でお父さんの茶碗割ったの？」と言ったら、完全に過去にフォーカスしています。もう何を言っても腹が立つわけです。でも、「ちょっと何をしようとしていたの？」「だってお父さんはいつもご飯の前に、あのお茶碗で何か飲んでいるよね。今日、お母さんが忙しそうだったから僕が届けてあげようとしたら、こけちゃったの」。何をしようとしていたかというところにフォーカスすると、

一概に叱れなくなります。「ここ危ないから、あなたは雑巾取ってきて。この破片は私が掃除するから」と、その子にできる貢献欲を満たせる新たなる課題を与えて、危ないことは自分がやるということができます。子育ての中でも大きな失敗をしても、「過去質問」にするか「未来質問」にするかによって、雰囲気が大きく変わってくると言われています。

このようなわけで、クローズ、過去、否定の各質問はパワハラになりかねないので、可能な限り、教育の現場、スポーツの現場でもオープン、未来、肯定の各質問に変えていきませんか。

16 アクティブラーニング

　あるPTAの集まりで、お母さんたちに、子供に完璧な円を描いてごらんと言って、子供がこんな円を描いてきたら、何とおっしゃいますか。どこを指摘しますか、と聞いたら、一番前に座っていたお母さんが即座に片方の目を隠して「上」っておっしゃった（笑）。そしたら、その隣に座っていた奥さんがその人の肩をぽーんとどつきながら「何言うとんの、あんた。それランドルトCのことか」とおっしゃいました。視力検査のCの形をランドルト環あるいはラン

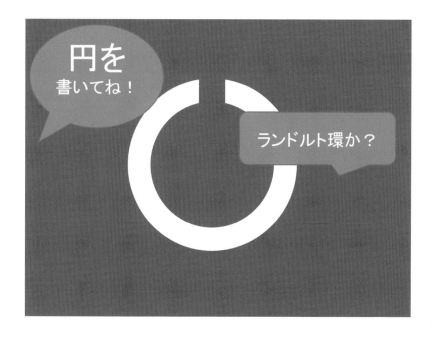

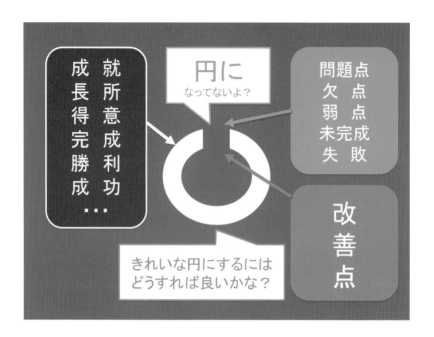

ドルトСと専門用語で言うそうです。ツッコミが高度過ぎて誰も笑えませんでした（笑）。

　確かにこれまでの教育は、「これ円になってないよ、駄目じゃない」と言っていたように思います。ダメ出し、あら探し。問題点や欠点、弱点、未完成の部分の指摘が多かったですね。それを、「できている部分がこんなにもあるじゃない」と、できている部分を認めることです。この時、ポイントは、できている部分を褒めないのです。認めます。できてなかった部分に関しては改善点だから、問題点、弱点指摘ではなく、あら探しでもダメ出しでもなく、「ここができたらきれいな円になるよ」と、改善点として指摘して、「さあ、きれいな円にするためにはどうすればいいかな」と言うことに

改善の3ステップ

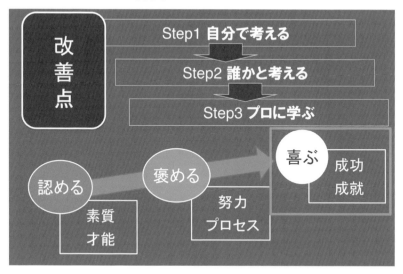

なります。その改善のために、「まずは自分で考えてごらん」と言います。それでも分からなかったら、「誰かと一緒に考えてごらん」。それでも分からなかったら、「プロに学んでおいで」ですね。最初から改善の方法を教え与えるのではなく、まずは自分で考える、誰かと考える、プロに学ぶ、プロに教わりに行く、ということでしょう。これはアクティブラーニングのことなんです。グループワークだけがアクティブラーニングではありません。

　大事なのは、放っておいてもできている部分、素質や才能については認めますが褒めません。今は褒め過ぎです。そして、改善のための努力やプロセス、頑張っていることそのものは褒めます。「よく頑張っているね。その調子だ」。でも、できあがったときの成功

や成就は褒めません。喜びます。「おめでとう」と言います。「良かったね」と言うかもしれません。大切なのは、認める、褒める、喜ぶの使いわけです。褒めるのは頑張っていることに対して行います。なぜなら、「アンダーマイニング効果」が起きる危険性があるからです。私たちは祝勝会をあげますけれども、「おまえは本当にすごいやつだな」とは言わないのです。一生懸命頑張ったことは褒めます。「おまえたちの頑張りは最高だったよ」と言います。「勝って良かったね、おめでとう」とは言います。褒めるか認めるか。これは微妙なんですけれども大きな違いがあります。

17 エウダイモニア

「成就」とか「成功」とか、**祝福されるようなことを**、「**エウダイモニア**」と言います。ギリシャ語で「**幸福**」という意味なんですね。アリストテレスの『ニコマコス倫理学』に出てくる、人生の意味は至上の目的に関わる幸福です。頑張って何かを成し遂げた達成感とか祝福されるような出来事、勝利の美酒に酔いしれるような状況のことです。どう表現するか難しいのですが、例えば、誰かをいじったら面白いかもしれません。いじめて反応が面白ければ笑うじゃないですか。あれは違います。エウダイモニアではない。あと下品なお笑いも違います。幸せとか祝福とか、あるいは達成感とか知的な喜びとか、知らないことを知れたときとか、できなかったことができたときとかをエウダイモニアと言うようです。

村上和雄先生は DNA 研究の第一人者でたくさんの本を書かれていますが、頑張って何かを成し遂げたときに感じる幸せは遺伝子に影響を及ぼし健康になるとおっしゃっています。ストレスを発散する、ストレスを取ることができる、あるいは病気も治る場合があるそうです。

高柳和江医学博士が幸福感から来る知的な笑みは遺伝子レベルにまで影響すると書かれています。笑ったことによってがんを克服したという患者さんを何人も紹介してくださいました。知的な笑い、幸せ、高揚感からガンを克服したというのです。これらの事例は、

17 エウダイモニア　65

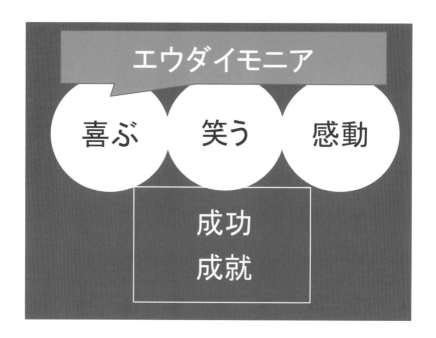

エウダイモニアのことです。

　先日、有森裕子さんに電話しました。彼女は、1992年バルセロナオリンピックで初めてメダルを取ってから、つい数年前までサインを書くときに平仮名で「よろこびをちからに」って書いておられました。「悔しさをばねにとか苦しさを糧にとかいう考え方もあるけれど、私は喜びの力のほうが人をはるかに勇気づけ元気を与えるものだと思う」と『アニモ』という著書に書いておられたのです。ところが先日、有森さんが講演されたばかりの会場に行ったら、サインが「すべてをちからに」って変わっていたんです。それで、電話してしまいました。サインに書いてる言葉が僕らがもらってたのは「よろこびをちからに」だったのに、「すべて」になっていましたね、と伺いました。

エウダイモニア 「幸福」＝ギリシャ語

アリストテレス 『ニコマコス倫理学』
人生の意味や至上の目的に関わる幸福

頑張って何かを成し遂げた時に感じる幸せは
遺伝子に影響を及ぼし健康になる
（村上和雄名誉教授）

幸福感から来る知的な笑みが
遺伝子レベルにまで影響する
（高柳和江ドクター）

最高善

そうしたら、ある中小企業の社長さんたちの集まりでいつものように講演して、私は喜びの力を大事にしていますと言ったら、懇親会まで来た積極的な社長さんが、今の世知辛い世の中には喜べるようなことはめったにないよなって言われたそうです。それで「すべてをちからに」に変えたんですって。世相を反映していたのですね。そんな事情で有森さんは書き直すようになったそうなのですが、私に言わせると、有森さんの「喜び」というのは「エウダイモニア」だったんですよねと尋ねたら、間違いないですって言ってくださいました。

この**エウダイモニア**は、ただの笑いではありません。**前向きな笑い**です。日本語ではニコマコス倫理学の中で**「最高善」**と訳されています。

18 水平比較と垂直比較

　そのためにも大事なのが、誰かとの比較をやめることです。水平比較をすると、同じ場所で同じときに一緒にいる人たちの中、小さな小さなコミュニティの中で誰かと比べてうぬぼれたり、落ち込んだりしてしまう。クラスの中で一番頭がいいとうぬぼれる。一番かけっこが速いとうぬぼれる。そんなことをしてる場合じゃない。クラスの中で一番背が低い、クラスの中で一番成績が悪い、そんなことで落ち込んでいる場合じゃない。その小さなグループの中で「水平比較」をしてうぬぼれたり落ち込んだりしている場合じゃないのです。今、一番だろうが最下位だろうが関係ない、「垂直比較」をするのが、ペップトーカー的なアドバイスなんです。

　強いチームは一番うまいやつが一番練習しています。間違いないです。弱いチームは一番のベテラン、一番強いやつが後輩の指導をしています。「おまえら、まだこんなこともできんのか」と。だから弱いんです。腕立て伏せ10回３セットを楽勝で済ませた先輩たちが、おまえらまだできんのか、しっかりせえよって、後輩にむち打ってやらせています。「おまえがもっとせえ」と言いたくなります。10回３セット楽勝で終わるということは自分にとって限界まで頑張っていない証拠です。でも、後輩たちが10回３セットできなくて７回目ぐらいでつぶれているのに、「あと３回だ！」とやらされている。彼らは限界を超えて頑張っている。10回３セットで満足して後

輩指導している連中は伸びないんです。大事なのは1番だろうが10番だろうが100番だろうが最下位だろうが関係ない。その立ち位置を理解して、今の自分のレベルを受け入れて、そこから「垂直比較」をする。昨日よりも今日、今日よりも明日、強くなっているか、1ミリでも伸びているかどうか、それを大事にするのが「垂直比較」の考え方です。

　もし、「水平比較」をして誰かのことをいじめていたりいじっていたり、あるいはうぬぼれていたりしたら、そのグループは絶対に強くなりません。大事なのは、みんなが速かろうが遅かろうが、良かろうが悪かろうが、それぞれの立場を認めて受け入れて全員が伸びていくことです。そして、どっちの方向にどんなふうに伸びていくかというのを指し示すのがリーダーだったりキャプテンだったり、あるいは先生方なのです。誰かとの比較をして落ち込んでいる場合じゃない、うぬぼれている場合じゃない、みんながもっと良くなっていこうねと「垂直比較」をすることが大切です。そして、コンテスト当日は順位がつくので、その日までに身に付けた「今ある力でベストを尽くせ」と背中のひと押しをしていただきたいのです。

19 振り返りとピグマリオン効果

　実は、ペップトークはスポーツだったら試合、音楽だったら発表会、あるいはプレゼンテーションをするとか、試験を受けに行くとか、本番前に「今ある力でベストを尽くしておいで」と本当にポジティブな言葉しか使いません。そして、その試験なり発表会なり試合が終わった後のスピーチを「ポストコンペティショントーク」と言います。ここではまず、素直に良かった点と悪かった点を受け入れます。勝っても負けても、あるはずの良かった点と悪かった点を認めて受け入れ、さらに良くなるにはどうすればいいだろうか、自分たちの改善点は何だろうと、そこまでを明確にするのが、結果が出た後のスピーチです。

　だから、ここで罰として走らせている場合じゃないですね。やらなければいけないことがたくさんあるからです。良かった点、悪かった点をしっかり因数分解した上で改善点を見つけて、そして毎日の朝礼の中でお話をします。

　スポーツだったら練習や合宿前のスピーチ。これは「モチベーショナルスピーチ」と言いますが、前回の結果を踏まえて見つけた改善点を今日も徹底するぞ、というものです。そして、いよいよ迎えた次の本番では、「今日までに改善できた今ある自分たちの力でベストを尽くそう！」というのがペップトークです。

　ですから、ペップトーク以外のシチュエーションではネガティブ

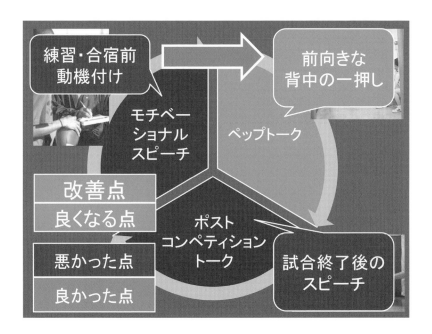

なことを言わなければいけないときもあります。悪かった点を明確にした上で改善点を見つける必要があるからです。そして、改善点がちゃんとできているかどうか確認するためには、悪かった点が良くなっているかどうかを再確認、再認識する必要性があります。ペップトーク以外のシチュエーションではちゃんと自分自身の今の状態を受け入れ、何を良くすればいいかということを徹底する必要性があります。

　そして、どの過程であったとしても指導する立場にある先生方、監督やコーチは、この子は必ず良くなると信じて接してあげることです。伸びると信じて接しているとその期待に応えて伸びることを**「ピグマリオン効果」**または**「教師期待効果」**といいます。アメリ

　カの教育学者ローゼンソールが、先生側がこの子たちは良くなると信じて、育ちもいいし、頭もいい子たちだと思い込んで接していたら本当に良くなり、この子たちはどうせ無理だ、できない、IQも低いとか育ちも悪いとか、そんな「うそ」の事前情報を与えられて指導をしていたら、その思い込みに応えて本当に駄目になった、それを**「ゴーレム効果」**と言います。

　実際にそういうことが起きたので、今は実験が禁止されているそうです。「ゴーレム効果」でネガティブな刷り込みが起きてしまったのです。どうせ人を指導するなら、伸びると信じることです。「ピグマリオン効果」は実験でそうなっただけでなく、多くの現場で実証されているそうです。

20 ペップトークをやるための4つの力

　ペップトークを成功させるための「4つの力」について考えます。これはまずは**質問力**。的確な質問。相手の肯定感をつぶさないような的確な質問をした上で、話を聞く力で**傾聴力**。傾聴したらいろんな情報が入ってきます。その情報に基づいて事情や心情をくみ取ったさじ加減をします。そのさじ加減のことを**斟酌力**と言います。辞書で調べると「事情や心情をくみ取ってさじ加減すること」と書いてありました。どんな言葉をどう言うかという**表現力**。この「4

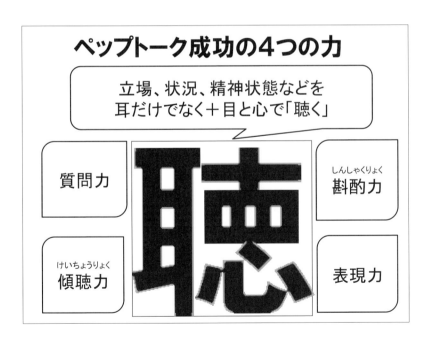

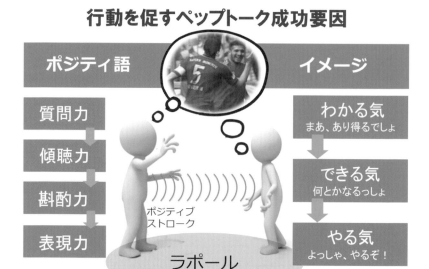

つの力」なんですが、どれが一番大事かと聞かれると、私は傾聴力だと言っています。

　耳だけでなく目と心を駆使して、立場、状況、精神状態を受け入れるということです。傾聴した上でびびっていることが分かったら安心感を与える斟酌ができる。興奮していることが分かったら落ち着きを与える声がけができる。気持ちが乗っていないなら激励の声がけができるということで、傾聴によって得られた情報から斟酌をすることができます。また、適切な言葉選びにも傾聴が必要なので、私は質問力も大事だけれども傾聴力を大事にしています。

　この「４つの力」を駆使して普段から構築されたラポールの土台の上で、語り手と聞き手が成功のイメージを共有しながら、「先生、

その話、分かる気がします。僕にもできそうです。やりたいです」
と、「やる気」にさせるかどうかなのです。目の前にいる子の「そ
の気」を引き出すスピーチをペップトークと言っています。

21 ドリームサポーター

　分かっちゃいるけどやめられない。ソクラテスは、「分かっちゃいるけどやめられないというのは、はっきり言って分かってないんだよ」と言うんです。でも、アリストテレスは、「いやいや人間は結構分かっちゃいるけどやめられないことってある。例えば、深酒しちゃったとか、好きで止まらなかったとかね。甘いものに手を出したら、もう、なくなるまで食べてしまうとか」と言うんですね。これを打破するためには言葉の力を使いましょう。

　ここまで話をすると、「うちに来て、生徒や選手にペップトークしてください」と言われます。必ずこう答えます。

　「できません。説明はできますけれども、ペップトークはできません。なぜなら、そこにいらっしゃる生徒さんたちのことを僕は知りませんから。選手の普段の努力も知りませんから。ペップトークできるのはドリームサポーターだけです。」

　「ドリームサポーター」というのは、自分の子供や関わっている生徒さん、選手の皆さんの**「夢の実現や目標の達成を本気で応援する人」**です。

　最も身近な「ドリームサポーター」は親御さんです。子育ての本をたくさん書かれている金盛浦子先生は、言葉というのは水のようだとおっしゃっています。

　「小さな子供たちの心には悪い言葉も良い言葉もまさに砂に吸い

水のような言葉

小さな子ども達の心には、
悪い言葉もいい言葉も、
まさに砂に吸い込まれる
水のようにしみ込みます。
その水が、子どもの
心の幹を育てます。

金盛浦子

込まれる水のように染み込みます。その水が子供の心の幹を育てます」と書いておられます。

お母さんの口ぐせが「ムリムリ」だと、子供たちの口ぐせも「ムリムリ」になってしまい、やろうともしません。

「今はできなくてもやってみよう、と言ってごらん、きっとできるようになるからね」と言ってあげてほしいのです。

「じゃあこんなときは何とおっしゃいますか」（次ページ絵参照）

「ねえ、僕。けがでもしたらどうするの、やめなさい！」と無理やり引き離しますか。

「あ、僕、完璧に真ん中とらえているね。脚の幅も骨盤幅よりやや広め、完璧だよ。アライメントもほぼ完璧。でもね、手の幅がち

では、こんな時あなたは何と言いますか？

ょっと狭いよ。もう少し広くしてごらん。いつかきっと上がるようになるからね」と言ったらどうでしょう。

　将来に大きな違いが生じます。できている部分を認めて、そしてして欲しいことを言語化することによって、感じるものが全然違います。

　ところで、「ドリームサポーター」のことがよくわかる映像があります。リオ五輪のときに流れていたP&Gのコマーシャルです。竜巻でびびっているときに、お母さんが助けてくれます。「あのつらかったとき、怖かったとき、苦しかったとき、助けてくれて、ありがとう、お母さん。あなたの強さが私を強くしてくれました」という仕立てのコマーシャルになっています。このビーチバレーの選手も事故に遭いました。その時に過呼吸になるぐらいびびっていま

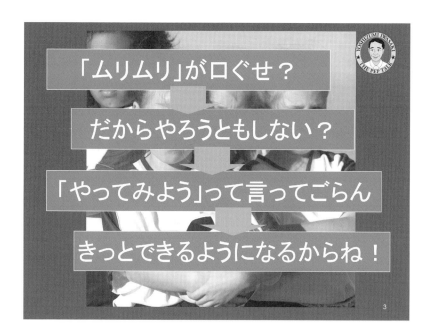

した。でも、お母さんが強かった。そんなお母さんの強さがたくましさを育ててくれた、という仕立てになっています。

　ピョンチャン五輪のP&GのCMでは、黒人の女の子がベッドの上で跳んで描いている想像と、スキーでダウンヒルで頑張っている姿を描いています。最終的にそれをやっているという場面にたどり着いて、無理だと言われているような壁を乗り越えてオリンピックにたどり着いたという仕立てになっています。最後に出てくるのが「Love Over Bias」「愛が思い込みを超える」です。それを私は「愛が常識を超える」と訳して使うときもあります。ピョンチャンで出てくるバージョンではバイアスという言葉を使っていましたね。思い込み、常識、偏りを、愛が超えるのですね。

21　ドリームサポーター　79

22 屠龍技（とりょうのぎ）

　「屠龍技」。東京消防庁ハイパーレスキュー第六方面本部の壁には、このような額縁が掲げてあります。

　これは「とりょうのぎ」もしくは「とりゅうのぎ」と読みます。昔、中国の山奥に悪い龍が住み着き、時折現れては村人に害をなした。龍を天災に例えています。地震、津波、土砂災害、噴火や台風など。1人の青年が、誰かがこの龍を退治しなければならないと考えて、その龍を屠る技を身に付けるべく一生かけて体を鍛え、技を

屠龍技

昔、中国の山奥に龍が住みつき、時折現れては村人に害を為した。

一人の青年が、「誰かがこの龍を退治しなければならない」と考え、その龍を屠る技を身につけるべく一生をかけて「屠龍の技」を磨いた。

龍は二度とその村に姿を現さなかったが青年は一生をまっとうした。（荘子）

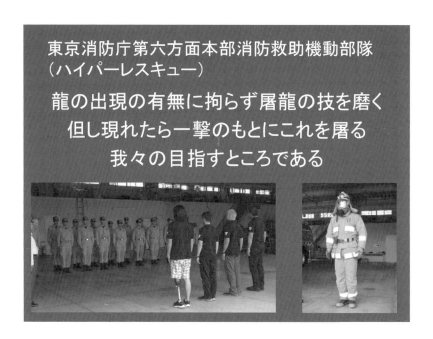

磨き、万が一に備えた。それを「屠龍の技」という。しかし、龍は二度とその村に姿を現さなかった。でも、その青年は一生、体を鍛え技を磨き続けたということで、辞書には「現れない龍のために努力をすること。すなわち無駄な努力」と書いてあります。

　ハイパーレスキューは、この後に3行書き加えています。

　「われわれは龍の出現の有無にかかわらず屠龍の技を磨く。実際に天災は起きないほうがいい。だから無駄になったほうがいい。ただし、万が一、現れたら一撃のもとにこれを屠る。それがわれわれの目指すところである。」

　福島第一原発に津波が押し寄せ、放射能が漏れ、水素爆発が起きたとき、自衛隊がヘリコプターで飛んで消火活動しているのですが、

十分な水がかけられない。当時の政府は陸路から誰か行けないのかと求めます。そこで、「われわれなら放射能対策もできています」と名乗りを挙げて、東京消防庁ハイパーレスキューの３つの部隊が現地に駆け付け、消火給水活動を成功させます。

　戻って来ての記者会見が全てのチャンネルで生放送されました。「あの現場に行くと言ったら、家族の皆さんは何とおっしゃいましたか」と記者からちょっと意地悪な質問が出たときに答えたのが、佐藤康雄警防本部（当時）です。佐藤さんは管理職にありました。この３月いっぱいで定年退職。だから防火服も着ていません。しかし、千年に一度の大災害が起きている。現地に行って指揮を執ってくると奥様に１行のメールを残して現場に向かうと、奥様からも１行のメールが返ってきます。**「日本の救世主になってください」**ただそれだけでした。何であなたが行かなきゃいけないの、とおっしゃっていない。水素爆発が起きているところに近づいて大丈夫なの、放射能が漏れるところに行って平気なの、というようなネガティブなことを一切おっしゃっていない。ただ消防官に嫁いだその日から覚悟を決めていました。本当に大変なことが起きたら家族のことは私に任せて、あなたは消防官としてやるべきことをやってくださいという思いを込めて書いた１行だったのです。泣きながら書いた１行だったのです。

　私は35年間、ペップトークを研究してきて最も感動した、最も短い、奥様からご主人への魂のペップトーク「日本の救世主になってください」を紹介しています。

23 口ぐせの変換

「セルフペップトーク」は**自分を励ます宣言の言葉**です。自分に対して意識的に良い言葉を選んで言い続けることによって自分自身の意識や心の在り方を前向きにしていこうというものです。ですから、先生方にも自分自身に声をかけてほしいですし、生徒さんたちにもぜひ知ってほしいと思っています。

自分を励ます言葉ですから、英語には「アファメーション」という言葉もあります。お気に入りの言葉、座右の銘、それをカードやメモに書いて持ち歩き、困難に巡り合ったとき、高い目標を掲げたとき、強い目的意識を持ったときに、それを声に出したり、あるいは心の中でもいい、それを連呼することによって自分自身の潜在意識の力を引き出そうとする最もシンプルな「口ぐせの変換」です。その目的は己に克つこと、克己です。

スポーツ界では、克己には3つの要素があると言われています。1つ目が慎独。1人のときの行いを正すこと。先生がいなくてもちゃんと自習ができる。親がいなくてもちゃんと片付けができる。監督、コーチがいなくてもちゃんと練習をしている。1人のときの行いを正すことを慎独と言います。

そして立腰。立腰というのは腰を立て姿勢を整えることです。現在、幼児教育の世界では「立て腰教育」といって、背もたれを使わない座り方を全国の幼稚園で取り入れようとして動いています。姿

23　口ぐせの変換　83

セルフペップトークの方法

☐ お気に入りの短い言葉や名言など
☐ 小さなカードやメモに書いて
☐ いつも持ち歩く！
☐ 困難にめぐり合った時や
　強い目的意識を持った時
☐ それを声に出し、
　または心の中で連呼する！
☐ 潜在意識の力を引き出す
　最も簡単、確実かつ強力な方法！

勢を正すと運動力学的に力が伝わりやすいということが昔から言われていますが、脳科学の研究で、姿勢を正すと前頭葉が活性化され頭の働きが良くなるということが解明されたのです。姿勢を良くすることによって頭も良くなるということで「立て腰教育」が幼児教育で取り入れられています。

　そして、いよいよ試験なり発表会なり試合を迎えると、今ある力でやるしかないと覚悟を決めること。これが己を超えるためにはとても大事だと言われているのですが、スポーツ界で何十年も働いていて思うことは、この３つにプラス、周りの人に「感謝」の気持ちを持っている人が克己を成功しています。

　実は慎独と立腰さえできればしつけは終わったようなものだと、

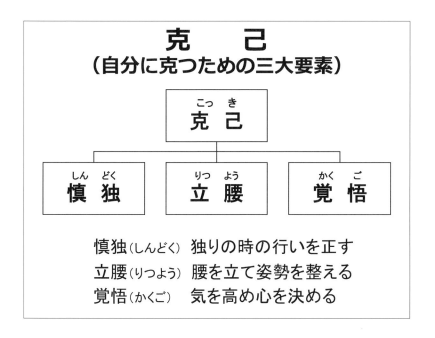

　森信三という有名な教育哲学者がおっしゃっています。森先生もたくさんの本を書かれていますけれども。慎独、立腰を奨励されています。

　フィギアスケートの羽生結弦選手は、2016年11月、グランプリファイナルに登場したときに何か叫んでいます。何て叫んでいたのですか、というインタビューに「できる、できる、できる、と叫びました」と答えています。この当時まだ4回転ループを成功していなかったそうです。「できる、できる、できる」と叫びながらグランプリファイナルをずっと戦い、そして2017年4月に全ての4回転ジャンプに成功します。彼もセルフペップトーク、自動成功メカニズムのスイッチが入る言葉を持っていました。

なりたい自分になるセルフペップトーク
自分で成功へのスイッチを入れる

「できる、できる、できる」(羽生結弦)
「10万回のありがとう」(工藤房美)
「こういう時は自分たちが強い」(高松ペア)
「自信を持てるショットを一つ持っていれば強くなれる」(錦織圭)
「努力は必ず報われる」(王貞治)
「海賊王におれはなる!」(ルフィー)
楽観的なポジティブ発言(プラス思考)
＝自動成功メカニズム

　バドミントンの高松ペアは5点ビハインドをリオ五輪決勝戦、最後のセット、デンマークの選手に逆転勝ちをしました。あのリードされているときってどんな気持ちで戦っていたんですかというインタビューに、高橋選手のほうが「あの時はすごくやばいと思いましたけど、私たち実はやばければやばいほど、こういうときは自分たちが強いと思うタイプなんです」と答えました。タイプって非常にポジティブなラベルを貼っていたんです。
　テニスの錦織圭選手は、夢は世界チャンピオンになることですと小学校のときに作文を書くと、それを見た人たちが、「テニスで世界チャンピオン、無理なんじゃない？」と言っていたそうですが、彼はかなり昔から「自信を持てるショットを1つ持っていれば強く

なれる」と言っているそうです。エアケイのことですね。

　このように、いろんな人たちが自分の前向きな言葉を持っています。

　ALSという病気にかかった鳥取在住の仲間がいます。アダチセツコさん。健康運動とかコアコンディショニングなどの普及活動で一緒にお仕事をしていた人がALSという病気にかかりました。5年生存率も非常に低い。130年前から知られている病気なのに治療法がいまだにない。ビル・ゲイツさんや孫正義さんたちが氷水をかぶるというALSの治療薬の開発を促すためのイベントをされたことで知られています。

　実は、それよりもうんと前、今から7年前に、仲間のせっちゃんがALSにかかりました。せっちゃんは、私たちが普及しようとしていたペップトークを知って、命を絶つことやめました。ALSと診断されたときに、すごいショックのあまり、ご主人と別れようと思った。小学生の子供はばあちゃんに任せよう。自分はもう人生をやめようと覚悟を決めていたその段階でペップトークを知ったそうです。自分を励ますこと。周りを励ますこと。自分でもできるんじゃないかと考えます。だから、ペップトークの普及をしようと思い立ちました。その当時は杖をついていましたが、現在は電動車いすでなければ移動ができない。それでも、今もなおペップトーク普及活動を西日本を中心にやっています。たまに東京にも来るのですが、せっちゃんの体は、少しずつ動かなくなる。痛いときもつらいときもある。苦しいときもある。そんなときにはペップトークで自分を励ましていました。やっぱりそれでもつらいときがある。そんな時

に出会った本が工藤房美さんが書かれた本『遺伝子スイッチオンの奇跡』（風雲舎）です。

　工藤さんは余命１カ月と宣告された、転移も進んでしまったステージ４のがんでした。どうしてここまで放っておいたんだと医者に叱られた。いろんな治療を受けるけれども、余命１カ月と言われたときに、息子さんに遺書を書いたそうです。２人の高校生と１人の小学生。小学生の息子さんは理解ができなくて、「何でお母さん、１カ月で死んじゃうの？」。担任の先生にその手紙を持っていくと、先生も何てアドバイスしていいか分からない。たまたま読んでいた村上和雄先生（DNA研究の第一人者。筑波大学名誉教授）の『生命の暗号』（サンマーク出版）という本をプレゼントしてくれたそうです。小学生の息子はすぐにお母さんに届けると、お母さんも読みました。そうすると、人間の脳が90％使われていないということは知っていたけれど、DNAも95％は使われていないんだ、とその本を読んで知りました。

　そして、ずっと読み進んでいくと、細胞の１つ１つ、DNAの１つ１つに感謝することによってあなたの使われていない部分が使われる可能性があるということを知りました。95％のうち１％が使われたら奇跡が起きるかもしれない、そう思った工藤さんは村上先生が言うように、「１つ１つの細胞に、DNAに感謝してみよう。抜け落ちた髪の毛にもがん化してしまった、あちこちに転移した自分の細胞にも感謝しよう」と決めます。余命１カ月と言われているからこの短い人生で何回言えるだろう、とチャレンジしました。この『遺伝子スイッチオンの奇跡』という本には、『「ありがとう」を十

万回唱えたらガンが消えました！』というサブタイトルが付いています。

　アダチセツコさんは、この本を読んでは、つらいとき、苦しいときを乗り越えようとした、とフェイスブックに書いていました。せっちゃんの愛読書になっているんだ、とわかり、すぐに取り寄せて一気に読みました。そして、どうしても工藤さんに会いたくなりました。この本の中に書いてある情報では、今は熊本市北区楡木というところでロータスというカレーショップを経営していてネパール人の仲間たちと一緒に頑張っています、とあります。それだけの情報で熊本講演に行ったときに探しました。2回目の講演で見つかりました。「すいません！　工藤房美さん、今日いらっしゃいますか」とネパール人の方に聞いたら、「今日、房美さん、名古屋」。「はい？」。「今は全国で講演中」。「そうなの？」

　「実は私はこういう人間で」とペップトークの本を何冊かと私の名刺を置いて帰りました。翌日月曜日に電話がかかってきたのです。「工藤房美です。とても興味があります」「あ、もう本を読んでいただいたんですね。僕は工藤さんの『遺伝子スイッチオンの奇跡』を読みました。とても感動してぜひお会いしたいと思って伺いました。実は来週また僕、熊本に行くんですけど、お会いできませんか？」

　そして、翌週また熊本に行ったら、何とそこへ工藤さんのほうから来てくださいました。お会いしてまたカレーを食べました。何と工藤さんは『ありがとう100万回の奇跡』という、次の本を書いていました。

　その本にアダチセツコさん宛てのメッセージを書いてもらって、

23　口ぐせの変換　89

すぐにせっちゃんに送りました。せっちゃん、あなたが心の支えにしている本の著者、工藤さんの新しい本、サインをしてもらったよって。ものすごく喜んでくれました。

　2017年12月2日に、せっちゃんと僕とペップトークの本を書いた浦上大輔君の3人でのコラボ講演をしました。鳥取県米子市での講演です。彼女はもちろん車椅子で出てきます。彼女の同級生のラジオ局のアナウンサーが司会をしながら、講演会は順調に進みました。浦上大輔君が最初にペップトークの説明をし、せっちゃんが体験談をしゃべり、「私は言葉の力で今もこうして元気に生きています、7年経ちました、これからも講演活動を続けます」と宣言しました。そして最後に私がセルフペップトークの話をしました。自分を励ま

す言葉。自分自身に対して意識的に良い言葉を選んで言い続けることによって、ひょっとしたら前向きになるかもしれない、病気も治るかもしれない。せっちゃんの病気もまだ世界で誰も治った人はいないけれども、がんの余命1カ月、ステージⅣから完全治癒を果たした工藤房美さんのような奇跡を起こしたいと願っています。せっちゃんにもう1回登壇してもらい、せっちゃんが工藤さんからもらったメッセージです、と会場に見せました。それをせっちゃん本人に読んでもらったところで、工藤房美さんの登場です。本人が熊本から車で駆けつけてきてくれたのです。もう訳分からなくなったせっちゃんは大号泣です。車椅子から立ちそうな勢いで感動していました。

工藤さんの音頭取りで「大丈夫、大丈夫、大丈夫、大丈夫」と会場に集まった250人の人たちと一緒に叫びました。そして、せっちゃんのために三三七拍子をつくって、「治る、治る、必ず治る、えしこになるけん（いい子になるけん）」をみんなで叫んで、自分を励ます宣言の言葉を発しました。工藤房美さんの場合は「ありがとう」のパワーで奇跡を起こしたということで、この本を紹介しました。熊本から鳥取まで知らない人のために駆けつけて下さった工藤房美さんの行動力に驚き、優しさに感激しました。心から感謝します。本当にありがとうございます。工藤さんは、今も全国で講演活動をされています。

さて、『ワンピース』のルフィは、「海賊王に俺はなる」と宣言します。ぼこぼこにやっつけられても、「おめえ、つえぇな」と相手を認め、もう1回やらせろと再チャレンジして撃破して、そして仲

間に引き込んだりあるいは盟友となって、次への冒険に向かっていく。相手の強さも受け入れたり、負けを認めたりすることができる「勝ち好き」。「勝ち好き」というのは負けたくないという「負けず嫌い」と違って勝つのが大好き。だから負けたときには何かのせいにするのではなく、「あ、俺負けちゃったな。何が悪かったんだろう」と承認し反省することができる。そして負けを認めないのではなく、「おめえ、こんなに頑張った俺より強いなんてすげえな」と相手のことを称賛できる。「おめでとう」と言うことができる。そして、悔しさを糧にという考え方もあるけれども、勝ち好きの人は失敗を生かして、そして改善点に焦点を当てることができます。問題点に執着するのではないのです。

　子供たちはみんな放っておいても負けず嫌いなので、成長と共に勝ち好きになってほしい。勝ち好きになったら本気で戦った相手におめでとうと言えるかもしれない。そうしたら勝った相手も「ざまあみろ」ではなくて、「ありがとう」と言えるかもしれない。負けず嫌いの子が勝つと、「へっ、ざまあみろ」と言っちゃう。でも、勝ち好きの子が勝つと、「俺と本気で戦ってくれてありがとう」。負けたときには、「おめえ、ほんとにすげえな、おめでとう」と言えます。言葉が「ちくちく言葉」から「ふわふわ言葉」になるのです。

　負けず嫌いの子はついつい出てくる言葉が勝っても負けても「ちくちく言葉」になってしまいます。でも、勝ち好きになれたら勝っても負けてもふわふわ言葉が言えるかもしれない。だからこれからの子供たちにはぜひ勝ち好きになってほしいと思います。

　そして、今日まで生まれ育った環境で受けてきた教育、その中で

　得られた経験から、人というのはみんなその自己イメージをつくり上げてきます。自分はこんな人間なんだという思い込みの言葉、俺はこうなんだという決めつけた言葉、そんな言葉が催眠術のように刷り込まれて自己イメージがつくり上げられています。

　千葉修司さんの『言葉相』（現代書林）という本があります。初めて見る言葉だったので手に取って見ましたら、表紙に2行書いてありました。「今までの人生は今まで吐いてきた言葉でできていて、今からの人生は今から吐く言葉でできていく。」結局、言葉によって今があり、言葉によって未来が変わるということが書いてあります。思い込みの自己イメージは徐々に真実になって、われわれの行動や感情や態度や技能になって、人格がつくり上げられていくとい

うことがこの本には書いてあります。

　だったら、口ぐせをネガティブな口ぐせにするのかポジティブな口ぐせにするのか。「オートクライン」という言葉も出しましたけれども、発する言葉によって自分が本当にそうなっていくのです。ネガティブな言葉を言っていると本当にネガティブになっていくし、ポジティブな言葉に置き換えていくと前向きな自分へと変わっていける可能性があります。

24 今あるものでベストを尽くす

「今あるものでベストを尽くす」この言葉の力で苦難を乗り越えたという人にお会いする機会もいただきました。「第1回アンプティサッカー選手権を見に来ませんか」「どんなサッカーですか」「行けば分かります」と言われて行ってびっくりしました。「アンプティ」とは「切断」という意味だったからです。事故や病気、けがで片脚を失った人たちが本気でサッカーをしています。だからしょっちゅうあちこちで誰かが倒れている。でも、彼らは何度でも何度でも立ち上がり、最後まで戦い抜いて試合が終わったら、お互いの健闘を称え、抱き合ってこう言う。「ありがとう、君らがサッカーをやっているおかげで俺たちもサッカーができる。これからもずっと続けような」。「もちろんそうだよ。俺にまだボールを蹴る足が1本ある限りやめてたまるか」と言うのです。なくなったものではない、あるものに目を向けてベストを尽くす。彼らはそう言っています。

土田和歌子さんは、事故に巻き込まれ救急搬送されました。そして医者からは、「あなたはもう両足とも動かない。だから松葉づえさえつけない。あなたには車いすしかない」と言われます。彼女は「私には車いすがあるんですね、ありがとうございます」と言いました。「しか」ないではなく「が」あるとポジティブな表現をした彼女は、車いす競技にデビューし、アテネで金メダルと取りました。

ある日、一緒に講演する機会をいただきました。「レース中には

何を考えていますか」という質問が出ました。「私はレース中だけでなく、普段から今の自分に何があるかと考えるように心がけています。二度と立てない、二度と歩けない、そんなこと泣いても悔やんでも変わらない。だから今の自分に、この体で何ができるか、何があるかと考えるように心掛けています」と答えました。その和歌子さん、リオでも日本代表になって懸命に走りました。トップとわずか1秒差でメダルには1歩及ばず4位という結果でしたが、頑張る姿が人々に感動を与えました。

「私が頑張ることによって勇気づけられる人がいるなら、これからも頑張り続けます」とリオのときにおっしゃっていたのですが、私が最も驚いたのは、その後、スイミングクラブに通い始めたこと

です。もちろん腕だけで1キロ以上泳げるようになって、2017年夏、横浜で行われた障がい者のためのトライアスロンに初出場、初優勝しました。まだ、今も自分にあるものは何か、できることは何かを追求し続けていらっしゃいます。

　言葉を変えることによって考え方を変え、考え方を変えることによって自分に何ができるか、人間力すなわち行動習慣を変える、そのことによって結果を引き寄せたのです。

　もう1つ驚いたことに、実は和歌子さんは最初はアイススレッジにデビューしたんです。アイススレッジで初出場した五輪のレースでは転倒してしまったんですが、絶対に次のオリンピックで勝つと決めて、1998年長野のパラリンピックで、2つの種目で金メダル、

1つの世界記録を出しました。なんと1,000メートルのアイススレッジは金、銀、銅、日本が独占しました。もともと冬季のオリンピック自体、出場国が少ない。2018年のピョンチャンでは192カ国も出たので史上最大だったのですが、パラリンピックは62カ国です。やっぱり少ないんですね。そんな中で、金銀銅を独占するような種目は他の国がやっていないだろうと判断されたのか、アイススレッジは五輪種目から削除されたんです。土田和歌子さんが最初にデビューして金メダルを取った冬季オリンピックのアイススレッジレースは、残念ながらなくなりました。

　「これからどうするつもりですか」とちょっと意地悪な質問をされたとき、「無くなってしまうものを悔やんでも仕方がありません。これからは車いすで頑張ります」と2年後のシドニーに出場。その時には金メダルを逃しましたが、そのさらに4年後のアテネで金メダルを取りました。金メダルを取ることがどれだけ大変なのかは誰が見ても明らかですが、彼女は日本人で唯一、冬季、夏季両方の金メダルを持っているアスリートなのです。我々は、この前向きさから何かを学べるのではないでしょうか。

25 セルフペップトーク

　私たちは、セミナーの中で「とらえ方変換」と「してほしい変換」を実践した後で、自分自身の「ジョハリの窓」もチェックして、まず自分って一体どんな人間なんだろうという自己承認をします。その上で、自分のゴールを決めます。そして、前向きな口ぐせと後ろ向きな口ぐせを洗い出して、そして自分自身に対する、どんなときにどうなりたいかを明確にして三三七拍子とか五七五でセルフペップトークをつくっています。

　セルフイメージ、私はどんな人間です、という自己宣言をつくってみようという、セルフペップトークのセミナーです。まずは、セルフペップトークをつくるのはアファメーションみたいに作文でもいいんです。しかし、より簡潔に作れる、三三七拍子とか五七五を勧めています。

　ある鹿児島の中学校では中学生も五七五と三三七拍子をつくっていました。別の小学校では各クラスで日めくりカレンダーにしています。31人の生徒さんたちが31枚の三三七拍子をつくって、それを日めくりカレンダーにして、その日の朝礼で自分たちがつくった三三七拍子もしくは五七五を叫んでいる学校もありました。

　例えば「できる　できる　必ずできる」は三三七拍子になっていますよね。「なれる　なれる　必ずなれる」は、自分が何になりたいかをイメージしながら言います。「前へ　進め　必ず行ける」や

25　セルフペップトーク　99

「強く 走れ 誰より速く」など同じ言葉の反復でなくても良いのです。

　ある大学の学生さん450人の前でしゃべって、「誰かできた人？」って言ったら、「はい！はい！はい！」と積極的に手を挙げてくれた学生がいて、「飲める 飲める 朝まで飲める」と叫び爆笑となりました。次に手を挙げてくれた学生が「先生、僕は『勝てる 勝てる 絶対勝てる』の字を『克つ』に変えたいと思います。勝敗は相手のあることだから、自分にはどうにもならないかもしれない。でも、自分に克つことはいつでもできるから『克つ』に変えます」と言ってくれて、とても感動しました。

　私はトレーナーとして選手に接するときには、昭和初期に活躍さ

れた西勝造さんという治療家の先生の「良くなる、能くなる、善くなる」にしています。金魚体操を発案された西先生は体操するときも治療を受けるときも、「良くなる、能くなる、善くなる」を唱えなさいとおっしゃっていました。選手に求める、あるいは子供に求める全てが入っている。みんなに良くなってほしい。そして能力をアップしてほしい。そして誰だってミスすることもあれば負けることもある。弱点だって欠点だってみんなあって普通。それは「改善すればいい」、ということで「良くなる、能くなる、善くなる」を唱えながら、私は選手と接するように心がけていました。

　言霊の力は、人を支える力を持っています。言葉をポジティ語に変換することによって、たくさんのありがとうが飛び交うようにな

あなたは本気で誰かに
ありがとう
と言ったことがありますか？

あなたは本気で誰かに
ありがとう
と言われたことがありますか？

ったと全国の現場から嬉しい声をいただいています。特に大事なのは、つらいとき、苦しいときこそ、立場、状況、気持ち、精神状態を受け入れて、そして「さあ、ここからどっちの方向に向かってどんな一歩を踏み出すか一緒に考えてみよう」と言ってあげてほしいのです。

　皆さんは本気で「ありがとう」を言ったことがありますか。本気で言っていると、いつか本気で「ありがとう」を言われる番が来ます。いつどこで誰に言われてもすごくうれしくなる。それは「ありがとう」が最強のペップトークだからです。

26 エトス、パトス、ロゴス

　話し方に関する本もたくさん読んできたのですが、とても分かりやすかったのは、アリストテレスの説得論。**「優れたスピーチの3要素」**として紹介されているのが、**「エトス、パトス、ロゴス」**です。

　先日、知的なお笑いタレントとして日本で活躍中のパックンの著書『大統領の演説』を出張中の空港で手に取り、一瞬でのめり込みました。これほどにまでアリストテレスの説得の3要素「エトス、パトス、ロゴス」を分かりやすく解説した本を読んだことがなかったからです。

　優れたスピーチの3要素として**「①エトス（信頼感）語り手の人柄、②パトス（情熱）感情に訴える、③ロゴス（論理性）理由や原因を説明する」**と記憶しました。

　聞き手（国民）に「そうだ、そうだ！」と納得してもらい、動いてもらうために、歴史に残る大統領たちは上記の3要素をうまく使っていたとハーバード大卒のパックンが見事に解説していました。

　エトスは「話している人の信頼を高める説得要素」です。聴き手が、この人の話なら大丈夫と思えるようにするには、共通の話題で共感できる、個人の経験や思いを語る、立場や状況をわきまえる、自分らしさを出す、ユーモアを取り入れるなどの工夫が必要なのだそうです。確かにここに上がっている要素の真逆を語ったら、信頼

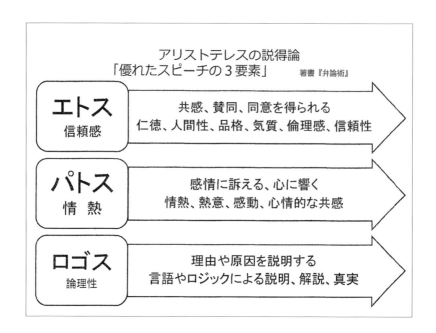

されませんね。

　例えば、講演会の冒頭で「今日は足元が悪い中、お集まりいただきありがとうございます」と挨拶をされるときもありますよね。本当に大変な思いをして辿り着いた方々から、共感を得られたら、それもエトスなのだそうです。些細な共感でエトスアップすることもあるようです。

　ある病院で「あの先生の話は専門性が高くて凄いけど、あの体型でダイエットの方法を語られてもね！」と小耳にはさみました。この例の場合は、見た目と話の内容に、大きな矛盾があったので、エトスダウンになったようです。やっぱり聞き手は、語り手の言葉だけでなく、目から入る情報も合わせて信頼性を判断するようです。

ロゴスアップとペップトーク
『大統領の演説』より

logos

⇔ミュトス

簡潔明瞭な言葉
対照法　antithesis
呼びかけ
3つの法則
　例　来た、見た、勝った
　　セブンイレブンいい気分
音の連発　alliteration
頭韻⇔脚韻
　インテル入ってる　Intel Inside
列挙

> **大統領の演説**
>
> パトリック・ハーラン

パトスは「感情に働きかける要素」です。人は、感情によって動きますから、大統領の演説では、愛国心を煽る、弱者への同情を促すなどの話題を取り入れているそうです。ハリウッド映画も、感情に強く働きかけて最終的には、全ての聴衆がヒーローの応援団になるように仕掛けられています。

　教室では、これを伝えたい、これをみんなに知ってほしいんだ、これって凄くない、のような先生の情熱が「パトス」です。そして、「あ、その話、面白そう、もっと知りたい。もっと教えて！」と聞く側の情熱に火をつけたら成功です。伝えたいという語り手の情熱と、もっと聞きたい、もっと詳しく知りたいという聞き手の情熱が一致すると必ず魂に響きます。

ロゴスは「知性に訴えかける説得要素」です。いかにロジカルにお話ができるか、言語的にも、話の組み立てにしてもロジカルに組み立てられ、聞き手が納得できるかどうかが、ポイントになります。また、論理的であると同時に、口ずさみやすかったり、覚えやすかったり、韻を踏んでいたりと、印象に残るような工夫をしているのだそうです。オバマさんといえば「イエス、ウイキャン」のように。

27 話し言葉と書き言葉

　講師として大人に話す機会が多いのですが、かつて大反省したのは「話し言葉」と「書き言葉」の違いです。実は、講演を録音して、文字起こしをしていただくことがあります。教育関係の研修会でありがちなのですが、大会終了後に小冊子として参加者に配るため、一字一句残らず文字起こししてくださるのです。初めていただいた時に、愕然としました。文法的にもおかしいし、さまざまな口癖や話し方の偏りがあったからです。

　それで、文字起こししても恥ずかしくない語りを目指そうと、練習しました。可能な限り、共通語を使い、文法的にも正しく、それぞれの文を簡潔にまとめる話し方です。原稿を読んでいるのではなくても、完璧に話せるようにと頑張ってみたのです。

　しかし、その結果、聞き手にとっては分かり難い話になってしまいました。きっちり話そうとし過ぎて、表情も硬くなり、動きも少なくなり、エトス（信頼感）もパトス（情熱）も下がってしまいました。

　そんな中、出会ったのが、「パロール」という言葉です。近代心理学の父ソシュールさんは、**話し言葉のような個人的な表現**を「パロール」とし、**社会的にも文化的にも認められる表現**を「ラング」と分類されていたのです。

　例えば、若者のあいだで一般的に使われるようになった「やば

27　話し言葉と書き言葉　107

フェルディナン・ド・ソシュール
「ラングとパロール」

言語活動(ランガージュ)	
ラング	**パロール**
本質的, 社会的 等質的, 体系的	副次的, 個人的 非等質的, 遂行的

注) デリダによると話し言葉(パロール)は、書き言葉(エクリチュール)と対比される

ブリタニカ国際大百科事典 小項目事典

い」という表現は、社会的にも認められる定義でいえば「非常に良くない状況」を表します。しかし、彼らは「凄い」「面白い」「美味しい」など、少しでも感情が動くものに対して全て「やばい」と言います。これは同じ単語でも「ラング」と「パロール」で意味合いが変わることを示しています。

　自分の失敗は、聞き手の使う言葉ではなく、一方的に「ラング」で語ろうとしたことです。

　やっぱり子供たちに伝わるように話そうとしたら、子供たちが使っているパロール、すなわち話し言葉を適度に入れることが大事です。教科書を使っての授業をする時には、「ラング」を使って正しく社会通念として通用するお話をしながら、普段の会話の中では子

どもたちとの心が通う生きた話し言葉を使うことでお互いの心を開きます。何かの事情で、子どもたちを説得するような場面でも、難しい言葉ではなく、子どもたちの分かる言葉でしゃべることで、わかる気、できる気、そして、やる気につながるのではないでしょうか。

　また、大人との会話でも、自分が学んできた専門用語を使い過ぎて、相手に訳が分からず、語り手の自己満足になってしまうと、エトスが下がってしまいます。パロールは、同じ地域や、専門分野だけでなく、クラスやチーム、世代やコミュニティーによって変化する場合もあるそうです。心と心のコミュニケーションをとるためには、パロールとラングの使い分けがポイントになります。

28 個性を受け入れる

　全国の学校でも講演で呼んでいただけるようになりました。数年前までは、先生方を対象としたイベントの講師が多かったのですが、生徒さん向けにお話をする機会が増えてきました。そこでは、必ず「好きで得意」と「嫌いで不得意」のお話をします。

　誰でも、好きなものには、はまってしまう傾向があります。他のことを後回しにしてまで取り組めることです。子供だったらマンガだったりゲームだったり、大人だったらパソコンだったりパチンコだったり、ひょっとしたら何かの趣味だったりチャット（おしゃべり）だったりするかも知れません。

　しかし、自分が「好きだ」と思っていることが、世間でも認められるほど「得意」なこと、そのレベルにまで達していないこともあるかも知れません。逆に「嫌いで不得意」だと思っていることが、一般的にみれば素晴らしい才能である可能性もあります。

　もし、子供たちが世の中に出たときに、「好きで得意」なことが職業になれば、それはとても幸せなことだと思います。しかし、どんなにスポーツが「好き」で続けていても、それを職業にできるほど世間が認めないかも知れません。ただ、そのスポーツを続けながら、仕方なくやっていた用器具の手入れが素晴らしくて周りからも認められるかも知れません。ワックスのプロとして、冬季オリンピックのスタッフになった方もいます。そういう自分も、ケガばかり

していたからテーピングを覚え、アスレティック・トレーナーになり、バルセロナ・オリンピックのスタッフとして参加しました。

33年前にお世話になったフィラデルフィア・イーグルズが、2018年2月5日、アメリカ・スポーツ界最大のイベント、スーパーボウルで優勝しました。これをネット上で紹介したら、「すごいキャリアをお持ちですね。」とたくさんの方から反応をいただきました。

プランド・ハプンスタンス理論という言葉があります。直訳すると**「計画された偶発性」理論**で、スタンフォード大学のジョン・D・クランボルツ教授が提唱した有名な**キャリア論**です。**人のキャリアは偶然のできごと、予期せぬできごとに対し、最善を尽くし対応することを積み重ねることで形成される**というもので、実際、多くの人のキャリアの8割は予想しない偶発的なことによって決定されていると説いています。

思えば、自分も大学で入寮した際に、向かい側の部屋に同じアスレティック・トレーナーを目指している白石宏先輩が住んでおられました。この偶然の出会いが人生を変えました。白石先輩が陸上の全日本アメリカ合宿に帯同されると聞いて、「好奇心」のかたまりだった自分はバイトとしてついて行きました。「本気でトレーナーになりたいなら留学しろ」と言われ、後先考えずに行動しました。遠征先で出会った陸上界で有名なトレーナー、ルッソ氏から紹介され、USオリンピック・センターのビートン氏に出会いました。ナショナル・スポーツ・フェスティバルの開催地シラキューズについて行ったら、ロウ氏に会い留学先が決まりました。そこで頑張っていたら、ロウ氏の恩師のデイビス氏に推薦され、フィラデルフィ

ア・イーグルズの夏合宿に参加できたのです。

　そして、自分が US オリンピック・センターで頑張っていたことを知っていたアメリカ人選手の推薦で、日本の実業団チームと契約できました。自分のキャリアもまさに偶然の出逢いをつかみ、生かすことの連続でした。選手として成功したかった。しかし、自分にはその才能はなかった。しかし、ケガをしたことがきっかけで、テーピングと出会い、そこからアスレティック・トレーナーの道を進み、さまざまな出逢いを経て、夢だったオリンピックの舞台に立つことができました。嫌いで不得意だったことも、必要に迫られ一所懸命頑張っていたら、自分を夢に導いてくれたのです。

　クランボルツ博士は、好奇心、持続性、柔軟性、楽観性、冒険心が、その偶発的な出逢いを生かし、キャリアを歩む力に発展できるとしています。

29 たくましさを身につける

　昭和の時代に「アスレティック・トレーナー」という言葉はありませんでした。もちろん、職業として成り立っていませんでした。「トレーナーになりたい。」と言うと、周りからは反対されました。「そんなので飯が食えるのか？」しかし、父だけは違いました。「ない道なら、自分で切り開け！」父の寛容な心と、力強い言葉に背中を押され、渡米して勉強する覚悟が決まりました。

　同じように昭和の時代に IT 産業という言葉は、ほとんど聞いたことがありませんでした。今では巨大産業になっている宅配や、ネット通販なども、存在しませんでした。つい数年前までの大企業が、今では業種を変えてなんとか生き残っていたり、海外の企業の傘下に入っていたり、変動の時代を迎えています。

　それを専門用語で「VUCA（ブーカ）の時代」と言っています。これは、**現在の社会経済状態がきわめて予測困難な状況に直面している**という意味です。たとえ大企業といえども、明日はどうなるか分からない、予測不能な状況です。大企業への就職が決まって絶対に安泰だと思っていたのに、内定後に倒産したなんてこともあり得るのです。2018年の成人式では、ある企業の倒産によって、多くの成人が着物を着れないという事態が発生し、社会問題にまでなりました。

　そんな予測不能な事態にも対応できるように、普段から培ってお

VUCA（ブーカ）の時代

V	Volatility（変動）
U	Uncertainty（不確実）
C	Complexity（複雑）
A	Ambiguity（曖昧）

※現在の社会経済環境がきわめて予測困難な状況に直面しているという時代認識を表す言葉。90年代軍事用語。10年代経済用語。16年1月ダボス会議

きたい**3つのステップ**があります。これは極めてシンプルな行動指針で**「受け入れ、考え、行動する」**ことです。

　まず、どんな予測不能な事態が発生しても、なんだって起こりえるものだと普段から心の準備をします。ここでショックを受けて落ち込み過ぎても何の解決にもなりません。もちろん、誰かのせいにして怒ってみても徒労に終わります。大事なのは、受け入れて次のステップ「考える」に進むこと。この「考える」の中では、常に臨機応変にシナリオを書き換える柔軟性も必要です。社会情勢が想定を超えて大きく変化したときこそ、それを受け入れ、再考し、行動を起こすことが、VUCAの時代を生き延びる術なのです。

　そのために学校教育でできることは、色々な課題に前向きに取り

対VUCA人材の資質

1. Accepts（受け入れる）
予測不能な事態や障害は当然起こり得るものと考えている

2. Thinks（考える、再考する）
常にシナリオを考え、必要に応じて随時書き換える

3. Takes action（行動する）
未来につながるように、現在できることを最大限する

POINT: 想像すらできない状況に対応できるよう、今できること、やるべきことをやり、学ぶべきことを学び、絶対的な自信を身につけること⇒SOCの獲得

組むこと。それは、常に今できること、やるべきことをやり、学ぶべきことを学ぶことで行動力を身につけること。すべての教科を好き嫌い関係なく一所懸命学ぶことが大事なのは、ここに大きな理由があるのです。点数や勝敗などの結果に関係なく、動き始めることの重要性、人間力につながる行動力を身につけることが、今、学業や部活に求められているようです。

　Hardiness（ハーディネス）を辞書で調べると頑健さとか、大胆さと書いてあります。困難な状況に耐えられる我慢強さとか、忍耐力と定義している辞書もありますが「たくましさ」がしっくりきます。タフな人を表す言葉のようにも思われます。

　この言葉が、学術の世界では、1979年のコバサ博士の研究により

「高ストレス下でも健康を保てる人の特性」と定義づけられました。非常に厳しい環境でストレスが高い状況であったとしても、全ての人が、必ずしもストレスが高まるという訳ではありません。例えば、ほとんど休みがなく働いていても、元気で楽しそうに仕事をこなしている人もいます。練習が一日も休めない中で記録を伸ばし、勝利した選手たちもハーディネス傾向があると言えます。

　そんな**ハーディネスが高い人たちの特徴**をコバサ博士は、３つ挙げています。

　一つ目が**コミットメント**。最近は、何かのコマーシャルでよく耳にするコミットですが、のめり込むという意味もあるそうです。何事においても没頭できる傾向があり、自らの存在価値を理解して、人や組織、社会に信念をもって関わっている人たちです。貢献欲の高い人も、含まれます。自分がやるべきだと感じたら、損得勘定は抜きにして邁進できるタイプです。

　二つ目の特性が、**コントロール**。ここでいうコントロールとは、自分が目の前の事象に対して、何らかの影響力を持っていると感じることです。とんでもない事態が発生しても、自分自身が統制（コントロール）できると信じて行動を起こすタイプです。

　三つめは**チャレンジ**。これはなじみ深い言葉ですが、コバサ博士は「変化を受け入れて、充実した人生を歩むための手段とみなすこと」と定義されているようです。換言すると「辛い経験さえも成長のためのチャンスであり、挑戦すべきだ」と感じられる人のことです。

　以上、３つの特性の頭文字をとって「ハーディネスの３Ｃ」とま

とめています。大きな逆境、逆風、未曽有の事態に遭遇しても、「自分にもできることがある、必ず役に立てる、ダメで元々、やってやるぞ！」と前向きに、「受け入れ、考え、行動できる」若者が増えることを願って止みません。

ペップトーク活用資料

ペップトーク成功のための4つの力

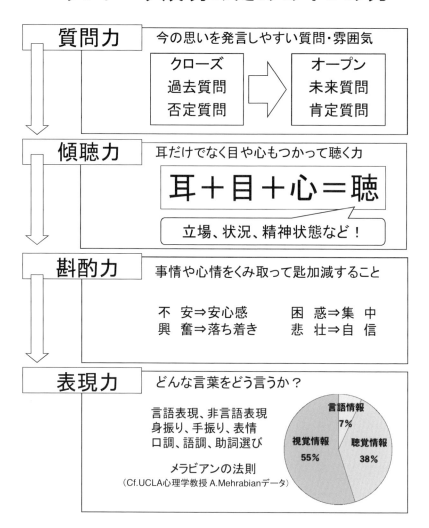

ペップトーク活用資料

ゴールペップトークの構造

事実を受け入れる

状況、立場、精神状態をそのまま受け入れる
ネガティブなものも否定しないでそのまま
事実として受け入れることがポイント
　　　例：大事な試合前で緊張している
　　　　　精神的に追い込まれて落ち込んでいる、など

とらえかた変換

その事実を可能な限りポジティブな解釈をする
生徒が思いつかなかったようなとらえ方をする
聴く側にとって「そんな考え方もあるのか！」と
共感できる「とらえ方」を示すのがポイント

わかる気
その話、分かります！

してほしい変換

具体的にできること、してほしいことを言葉にする
成功、勝利、達成、成就、喜び、笑顔など前向きな
行動や過程、動作や表情など可能なことを言語化。
聴く側が、それなら「できそう」と思える言葉を選ぶ

できる気
俺たち、できます！

背中のひと押し

普段のコミュニケーションの中で、本人が聞くと
「やる気」になる言葉を見つけておくことが大事。
中には「ガンバレ」に嫌悪感を持つ生徒もいる。
本人の「その気」につながる背中のひと押しを
見つけておくのがドリームサポーターの役割。

やる気
やる気になりました！

ペップトーク活用資料

ゴールペップトークの例

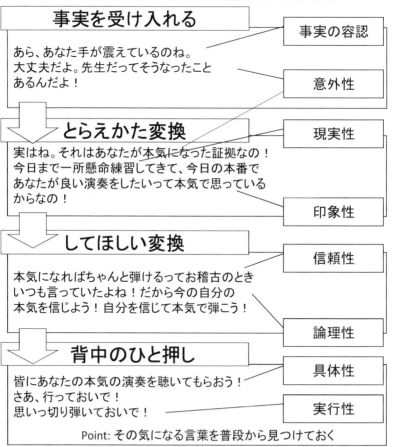

ペップトーク活用資料

🚶 ：ピアノの生徒	状況：初めての発表会
状態：緊張で手が震えている	🏁 ：今の最高の演奏をする

事実を受け入れる	あなた手が震えているのね！ 大丈夫、先生もそうなったことあるの
とらえかた変換	それはね、あなたが本気になった証拠なの！ 今日まで一所懸命練習してきて最高の 演奏をしたいって本気で思っている証拠！
してほしい変換	本気になればちゃんと弾けるって いつも言ってるよね！ あなた自身の本気を信じて
背中のひと押し	さあ、いってらっしゃい！ 本気で弾いておいで！

🚶 ：ピアノの生徒	状況：初めての発表会
状態：緊張で手が震えている	🏁 ：ビビらせてやらせる

事実を否認	何！あなた手が震えているの！ 何をそんなにビビりまくっているの？ ダメじゃない！
行動の否認	そんなんじゃ、今日までのお稽古、練習、 全部無駄になるよ！
結果の否認	この大事な本番でちゃんと弾けないなんて ことして、私の顔に泥を塗ったら二度と 使いませんよ！
存在の否認	代わりの子はいくらでもいるのよ。ミス したり、途中で止めたりしたら絶対に許 しませんからね！

ペップトーク活用資料

ネガとポジの程度

	ネガティブ	ポジティブ
しつけ	善悪をはっきり伝える（対照法）	
教育	ルールを伝える時は理由も 教え育てる時にはして欲しいこと	
叱責	何故叱られるのか はっきり分かるよう	
指導	間違いは改善点として指摘 良い事は良いと認める	
コーチ		スキル・メンタル フィジカル
指示	戦術・戦略（すべきこと） 禁忌・注意（してはならないこと）	
ペップトーク		前向きな 背中の一押し
試合後	何が悪かったのか はっきり指摘する	何が良かったのか しっかり認める
朝礼など	結果がでた後にはっきりした 改善点を徹底する	

あとがき

　本書の校正をしている間も、全国の教育や学校関係の行事で講演講師として招聘されました。質疑応答になると、最初は静かなのですが、何か一つ質問がでると、次から次へとでてきます。やっぱり教育の現場では、あまり人に知られたくない、あるいは相談したら叱られるのではないかといった個人的な問題があるようです。

　しかし、どの質問を聞いても教科書に書いてあるような一般的な内容ではありません。生徒さんの家族構成、育った環境、クラス内での立場、そして何より本人の性格や考え方によって、答えが変わってくるものばかりです。

　答えは現場にあります。その人の中にあるのかも知れません。それを質問力と傾聴力を駆使して導き出すことが、声がけの前に必要です。心理学やカウンセリングのノウハウ、コーチングの手法などを用いて、目の前の生徒の気持ちに寄り添い、その中にあるウォンツ（要求）を聴いて、ニーズ（必要）を言語化して伝える。どんな言葉をどう表現するか、それがこれからの現場に必要な指導法です。体罰、暴力、暴言、威圧などを行うことなく、現場の指導者に求められるのは、「言葉の魔術師」になることかも知れません。ペップトークのコンテンツが、その一助になることを願って止みません。

　本書の執筆にあたり、協力いただいた日本ペップトーク普及協会の講師の皆さん、カンコー学生服の関係者各位、そして何より根気強くサポートいただいた学事出版の丸山さんに心から感謝申し上げます。

岩﨑由純

《著者紹介》

岩﨑由純（いわさき・よしずみ）

昭和34（1959）年、山口県生まれ。日本体育大学体育学部卒業後、米国のシラキューズ大学大学院修士課程で「アスレティック・トレーニング」を専攻する。全米アスレティック・トレーナーズ協会（NATA）公認アスレティック・トレーナー（ATC）、日本スポーツ協会公認アスレティック・トレーナー資格を持つ。ロスアンゼルス五輪（1984年）、バルセロナ五輪（1992年）に帯同トレーナーとして参加する。全日本バレーボールチーム帯同トレーナー（1991〜92年）など、アスレティック・トレーナーとして活躍する。日本アスレティック・トレーナーズ機構（JATO）元副会長。現在、日本オリンピック委員会（JOC）強化スタッフ、NECレッドロケッツのコンディショニング・アドバイザー、一般財団法人日本ペップトーク普及協会代表理事、日本コア・コンディショニング協会（JCCA）会長、トレーナーズスクエア株式会社代表取締役社長。
〈著書〉『元気の缶詰　ペップトーク　感動体験編』（中央経済社）、『やる気をなくす悪魔の言葉VSやる気を起こす魔法の言葉』（中央経済社）、『心に響くコミュニケーション　ペップトーク』（中央経済社）、『子どものココロを育てるコミュニケーション術』（東邦出版）、『図解最先端テーピング術』（東邦出版）、『[DVD]岩﨑トレーナーのテーピングテクニックの全て』（医道の日本社）、『コア・コンディショニングとコアセラピー』（講談社）、『新版トレーナーズ・バイブル』（翻訳、医道の日本社）、『ナショナルチームドクター・トレーナーが書いた種目別スポーツ障害の診療』（南江堂）、『ひとりでも簡単にできるテーピング』（成美堂出版）、『スポーツ留学 in USA』『すぐに役立つテーピングテクニック』（ナツメ社）、『想いが伝わるペップトーク』（日本ペップトーク普及協会）『子どもの心に響く励ましの言葉がけ「ペップトーク」』（学事出版）、『スクール・ペップトーク実践ワーク集』（学事出版、堀寿次との共著）、『音楽が変わる！　魔法の言葉がけ　やる気を引き出す音楽ペップトークガイド』（音楽之友社）、『ペップトーク　心の中の「つぶやき」で人生が決まる』（三笠書房）ほか。

子どもがやる気になる短い言葉がけ

スクール・ペップトーク

2018年3月30日　初版第1刷発行
2025年3月5日　初版第6刷発行

著　者──岩﨑由純

発行者──鈴木宣昭

発行所──学事出版株式会社

〒101-0051　東京都千代田区神田神保町1-2-5
電話 03-3518-9655
https://www.gakuji.co.jp

編集担当　　丸山久夫
本文イラスト　海瀬祥子
装　丁　　　精文堂印刷デザイン室　三浦正巳
印刷製本　　精文堂印刷株式会社

Ⓒ Yoshizumi Iwasaki, 2018 Printed in Japan　　　　落丁・乱丁本はお取替えします。

ISBN978-4-7619-2399-0　C3037